ACCESO GRATIS ***a la Lectura en la Nube***

Para visualizar el libro electrónico en la nube de lectura envíe junto a su nombre y apellidos una fotografía del código de barras situado en la contraportada del libro y otra del ticket de compra a la dirección:

ebooktirant@tirant.com

En un máximo de 72 horas laborales le enviaremos el código de acceso con sus instrucciones.

AF617338

La visualización del libro en **NUBE DE LECTURA** excluye los usos bibliotecarios y públicos que puedan poner el archivo electrónico a disposición de una comunidad de lectores. Se permite tan solo un uso individual y privado

LA INFORMACIÓN NUTRICIONAL EN EL ETIQUETADO DE ALIMENTOS VEGETALES, Y LA INCLUSIÓN DE INFORMACIÓN NUTRICIONAL EN LOS REGISTROS DE VARIEDADES COMERCIALES Y VARIEDADES VEGETALES

Procedimiento de selección de originales, ver página web:
www.tirant.net/index.php/editorial/procedimiento-de-seleccion-de-originales

LA INFORMACIÓN NUTRICIONAL EN EL ETIQUETADO DE ALIMENTOS VEGETALES, Y LA INCLUSIÓN DE INFORMACIÓN NUTRICIONAL EN LOS REGISTROS DE VARIEDADES COMERCIALES Y VARIEDADES VEGETALES

Dr. **ANSELMO MARTÍNEZ CAÑELLAS**
Profesor Titular de Derecho mercantil de la Universidad de las Islas Baleares
Secretario de la Unidad de Innovación "Laboratorio de Innovación Agrícola" (LIA) de la Universidad de las Islas Baleares (https://lia.uib.es/)

tirant lo blanch
Valencia, 2024

En caso de erratas y actualizaciones, la Editorial Tirant lo Blanch publicará la pertinente corrección en la página web www.tirant.com.

Trabajo elaborado en el seno de los Proyectos:

Proyecto RED2018-102758-T, Fortalecimiento y Consolidación de la Red de Investigación Internacional "Propiedad Industrial en el ámbito agrario" (SCIRNIPA)
Proyecto de investigación para grupos de excelencia de la Generalitat Valenciana "Protección de la innovación en agricultura en la era digital" (CIPROM/2021/57).
Parte de este libro ha sido publicada en MARTÍNEZ CAÑELLAS, Anselmo. "El contenido nutricional como carácter de una obtención vegetal y los Objetivos de Desarrollo Sostenible", en Revista de Derecho Mercantil, nº 331. La parte publicada en el presente libro es una versión notablemente ampliada.

EDITA: TIRANT LO BLANCH
C/ Artes Gráficas, 14 - 46010 - Valencia
TELFS.: 96/361 00 48 - 50
FAX: 96/369 41 51
Email: tlb@tirant.com
www.tirant.com
Librería virtual: www.tirant.es
DEPÓSITO LEGAL: V-2601-2024
ISBN: 978-84-1071-045-0

Would that you could live on the fragrance of the
earth, and like an air plant be sustained by the light.

But since you must kill to eat, and rob the newly born of its
mother's milk to quench your thirst, let it then be an act of worship,

And let your board stand an altar on which the pure
and the innocent of forest and plain are sacrificed for
that which is purer and still more innocent in man.

The Prophet - Kahlil Gibran

Para Asun, mi apoyo y mi reposo,
Para Mariano y Blanca Asunción, nuestro fruto y vida.

Índice

ABREVIATURAS

ADPIC-TRIPS	Acuerdo sobre los Aspectos de los Derechos de Propiedad Intelectual relacionados con el Comercio.
CPVO	Oficina Comunitaria de Variedades Vegetales
DHE	Distinción, Homogeneidad, y Estabilidad (Examen de…).
DO	Denominación de Origen.
DOP	Denominación de Origen Protegida.
FOPL	Front of Pack Labelling, o etiquetado frontal.
GC	*Gas Chromatography*
HPLC	*High-performance liquid chromatography.*
IGP	Indicación Geográfica Protegida.
MS	*Mass Spectrometry.*
NIRS	*Near infrared spectroscopy*
OCVV	Oficina Comunitaria de Variedades Vegetales.
OMC	Organización Mundial del Comercio.
PCR	*Polymerase Chain Reaction.*
UPOV	Unión Internacional para la Protección de las Obtenciones Vegetales.
USDA	*United States Department of Agriculture.*
VCU	Valor de Cultivo y Uso (Examen de…).
VCUS	Valor para el cultivo y el uso sostenibles (Examen de….).

PRÓLOGO

Es para mí un enorme placer presentar esta nueva obra de la colección *Propiedad Intelectual e Innovación Digital* editada por la prestigiosa editorial Tirant lo Blanch con la financiación del Proyecto de excelencia de la Consellería de Educación, Cultura, Universidades y Empleo de la Generalitat Valenciana, CIPROM 2021/17, elaborada por el Doctor Anselmo María Martínez Cañellas, catedrático de Derecho mercantil, acreditado, de la Universidad de las Islas Baleares e investigador del proyecto indicado.

I

No puedo comenzar estas palabras sin reiterar el agradecimiento que, tanto Nuria Fernández Pérez, como yo, investigadoras principales del proyecto CIPROM 2021/17, debemos a la Consellería de Educación, Cultura, Universidades y Empleo de la Generalitat Valenciana, por habernos concedido la posibilidad de trabajar en los temas objeto del mismo gracias a la financiación que nos concedió.

La Consellería hizo una apuesta importante al financiar un proyecto con una temática tan novedosa como la que propusimos. El objetivo del proyecto era realizar un análisis del marco legal aplicable a los regímenes de propiedad intelectual en el mercado digital en el ámbito de la agricultura. Por un lado, se planteó estudiar las innovaciones vegetales, que recompensan la inversión en la creación de nuevos vegetales, tanto variedades ecológicas o no, como patentes. Por otra parte, analizar el marco jurídico de los signos distintivos de calidad en el mercado digital, en cuanto se trata de instrumentos especialmente adecuados para potenciar la conservación de las tradiciones de cada región, como muy particularmente son las denominaciones de origen e indicaciones geográficas, las especialidades tradicionales garantizadas o ciertos tipos de marcas que posibilitan rentabilizar los esfuerzos colectivos y el patrimonio gastronómico y cultural de las regiones, sustancialmente las marcas colectivas y de garantía o certificación.

Con estos instrumentos jurídicos se persigue fomentar el tejido productivo de las diversas localidades, evitando la despoblación y añadiendo prestigio a los productos locales. Las ventajas de un adecuado uso de estos derechos en el mercado digital son exponenciales dado que no solo se potencia la adquisición de productos locales, sino que también se logra mejorar las exportaciones, por el valor añadido que se genera para el producto, maximizando la eficiencia y permitiendo un adecuado desarrollo y modernización del campo.

En ejecución del mismo se han publicado ya otras obras relativas, por ejemplo, a las innovaciones vegetales. O a los signos distintivos de calidad. En particular a las marcas de garantía o certificación.

II

Es para mí un gran placer decir algunas palabras sobre esta monografía y, al hilo de ella, acerca de la obra y la persona de Anselmo María Martínez Cañellas, dignísimo discípulo de mi gran amigo e indiscutible maestro del Derecho Mercantil, Guillermo Alcover Garau. Y persona a la que me une una particular relación de afecto, que, no obstante, en absoluto empece la opinión que voy a expresar. En un momento como el que vivimos en la Universidad en el que el sistema aboca a escribir con el único fin de obtener reconocimientos administrativos, me cabe la honda satisfacción de prologar esta monografía porque, adicionalmente, expresa los valores académicos que han de ser ponderados, a la vez que pone de manifiesto el carácter de su autor.

Esta obra que el lector tiene en sus manos, *"LA INFORMACIÓN NUTRICIONAL EN EL ETIQUETADO DE ALIMENTOS VEGETALES Y LA INCLUSIÓN DE INFORMACIÓN NUTRICIONAL EN LOS REGISTROS DE VARIEDADES COMERCIALES Y VARIEDADES VEGETALES"*, constituye sin duda un trabajo de madurez académica de su autor, el doctor Martínez Cañellas, catedrático de Derecho Mercantil acreditado de la Universidad de las Islas Baleares.

El doctor Martínez Cañellas ha dedicado su trayectoria investigadora a los sectores más relevantes y, a la vez, más complejos y comprometidos, académica y prácticamente, del Derecho Mercantil. La contratación mercantil, el Derecho Financiero o el Derecho de Seguros han sido tratados monográficamente por él en varias publicaciones que continúan constituyendo hoy, a pesar del tiempo transcurrido al respecto de alguna de ellas, obras de consulta obligada en el panorama doctrinal.

El Derecho Concursal, el Derecho de Sociedades y el Derecho de la propiedad intelectual han constituido también foco de interés relevante en la actividad investigadora de Anselmo María Martínez Cañellas. Tanto por los planteamientos de innegable oportunidad, como por los sólidos fundamentos que esgrime, así como porque todas estas aportaciones están publicadas en Revistas especializadas de la máxima difusión y relevancia tanto nacional, como internacional o en obras colectivas de especial renombre, merecen ser destacados. El notable esfuerzo exegético y constructivo llevado a cabo en estos trabajos, así como la experiencia y los conocimientos especializados que traslucen obligan a recomendar su lectura a todo especialista en dichas materias.

Es, sin duda, esta acabada formación lo que ha permitido al doctor Martínez Cañellas acometer en esta oportunidad una tarea especialmente ambiciosa, con un interés teórico y práctico y una actualidad indiscutibles, como es la de desentrañar el régimen jurídico a que debe someterse la información nutricional en el etiquetado de alimentos vegetales.

III

No es posible desconocer que las pautas de régimen jurídico sobre el régimen jurídico a que debe someterse la información nutricional en el etiquetado de alimentos vegetales carece de la suficiente consistencia y eficacia.

Según acredita el doctor Martínez Cañellas en su obra, la normativa sobre información nutricional en el etiquetado de productos vegetales no transformados es inadecuada para que los consumidores puedan tener conocimiento del contenido nutricional de estos alimentos. Observa, con razón, que solo si los comercializadores de dichos alimentos incluyen dicha información voluntariamente en el etiquetado será posible que el contenido nutricional sea accesible para los consumidores, lo que resulta claramente insuficiente.

IV

Las anteriores consideraciones generales avalan el evidente interés y la importancia de esta monografía. Por vez primera se ofrece un cuadro completo de las complejas cuestiones que afectan al tratamiento normativo de la información nutricional en el etiquetado de productos vegetales no transformados.

En su empeño no descuida los aspectos constructivos que resuelve con una alta dosis de rigor metodológico logrando aportar una visión clara de las opciones a disposición de los operadores económicos. Sin olvidar, por tanto, la dimensión económica de los instrumentos legales, contexto de vital importancia por cuanto constituye un elemento fundamental que determina la configuración del régimen de protección. En definitiva, en razón de los materiales seleccionados, de los razonamientos utilizados, de la solidez de las conclusiones obtenidas y de la claridad de las mismas, este apartado de la obra adquiere propia singularidad e indudable valor para encontrar interpretaciones fundadas de las cuestiones involucradas, por cuanto ultima el marco referencial en que ha de entenderse la evaluación normativa de estos especiales derechos.

Con todo, la parte más ambiciosa de la obra se centra en las cuestiones especialmente conflictivas. Con extremo rigor en los planteamientos, una cuidada selección de las fuentes y una exposición clara y razonada, se abordan en ella desde una perspectiva crítica, pero positiva, las eventuales soluciones normativas.

Por ese motivo, la obra analiza los diversos recursos legales existentes a fin de proveer de dicha información a los consumidores. Se refiere en primer término a su inclusión en el contenido de los pliegos de condiciones de las Denominaciones de Origen Protegidas y de las Indicaciones Geográficas Protegidas. A su inclusión en la descripción de las variedades comerciales concretas en el correspondiente Registro de Variedades Comerciales. Y a su inclusión en el Registro de Obtenciones Vegetales. En este último caso, la información nutricional se incluiría como una característica adicional de la descripción de nuevas variedades vegetales realizada en el contexto del sistema UPOV.

Reconoce el autor, con razón, que esta eventualidad no está prevista expresamente. A pesar de ello argumenta con sólidos fundamentos que nada impide que dicha información nutricional pueda considerarse como una característica de la descripción de nuevas variedades vegetales realizada en el sistema UPOV, lo que permitirá promover la creación de nuevas variedades más nutritivas.

Hoy en día, en efecto, el contenido nutricional de una variedad no se considera como carácter, por lo que no se incluye en las directrices de exámenes DHE de las diferentes especies. No se considera como carácter ni esencial, ni estándar, ni con asterisco, pero ello no implica que pueda considerarse en el futuro. Sin embargo, observa el doctor Martínez Cañellas, que, por ahora, no es factible que, en un futuro inmediato, la identificación del contenido nutricional sea considerado un carácter en sí mismo.

Estima, por ello, que la vía más factible para que dicho rasgo pueda ser aceptado como carácter es que sea considerado como carácter adicional. Carácter que, además, es medible con métodos aceptados por la UPOV como válidos. Y que solo podrá ser aceptado en tanto que sea útil para la distinción de la variedad que contenga el carácter nutritivo descrito de otras variedades ya conocidas, siendo irrelevante el valor para su cultivo y uso, a efectos de ser considerado como carácter adicional.

Procedimentalmente, el cauce idóneo para la inclusión de contenidos nutricionales en las directrices de examen DHE de la UPOV es a través de su reconocimiento como carácter adicional en los protocolos técnicos y directrices de la autoridad de uno o varios Miembros de la UPOV, que se deben comunicar a la UPOV, para que inicie el proceso de revisión de las directrices de examen DHE de la respectiva especie. De incluirse el contenido nutricional como carácter, los demás Miembros de la UPOV deberán reflejarlo en sus respectivos protocolos.

El autor estima, adicionalmente, que con esta mayor información del contenido nutricional podremos avanzar en la consecución de uno de los objetivos de la Agenda 2030 de las Naciones Unidas: la de lograr alimentos nutritivos para todos.

La solidez de las conclusiones a las que llega, así como el recurso a la experiencia doctrinal y jurisprudencial, interna y comparada, permiten a la autora ofrecer un exhaustivo estudio de dicho régimen jurídico. El pormenorizado análisis que se efectúa de los aspectos tratados, así como las soluciones razonadas y fundadas que se ofrecen evidencian sin duda que estos apartados gozan de la mayor envergadura técnica y de una muy considerable repercusión práctica.

V

Incluso esta breve descripción del contenido del libro pone de manifiesto el indudable valor de la aportación en la que es una constante la atención a los planteamientos de índole dogmática jurídica, a la evolución legislativa y jurisprudencial y a las necesidades de la práctica. La excelente labor de documentación previa que ha realizado el doctor Martínez Cañellas y su esmerada formación académica le han permitido ofrecer soluciones razonadas sobre todos los temas relevantes y abordar, con fundamento en la experiencia propia y en la comparada, una labor crítica y constructiva del más alto nivel, sin perder de vista la dimensión práctica que todo texto jurídico precisa.

Lo que, rectamente entendido, significa que ofrece una acertada selección de temas, utiliza una metodología correcta, se sirve de un utillaje conceptual que el autor domina a la perfección, adopta una sistemática clara y sus conclusiones están bien fundamentadas en un análisis exhaustivo no solo de los textos y bibliografía relevantes; sino también del conocimiento de la realidad económico-social implicada. Su redacción se ha acometido en el convencimiento de que el interés del mismo se halla indisolublemente ligado al suministro de criterios razonados de interpretaciones admisibles y al ofrecimiento de respuestas claras en relación con todas las cuestiones que el conjunto de los textos legales implicados suscitan. Aunque el libro marca desde luego un hito en la construcción dogmática de este derecho, puedo constatar que el autor no solo ha pretendido y conseguido ese objetivo, sino que, al tiempo, ha querido y logrado completar una obra imprescindible en el quehacer diario de los operadores económicos, tanto privados como públicos.

El afán de autoexigencia, la curiosidad científica, la autocrítica, la exhaustividad con que se enfrenta al análisis de los temas y a la búsqueda de soluciones sin desdeñar valoraciones antes de haber contrastado todas las opciones posibles han dado una vez más como resultado una publicación de mérito, importante y bien ultimada. Felicito afectuosamente a mi querido amigo Anselmo María Martínez Cañellas, por este nuevo trabajo y auguro a la publicación el éxito que sin duda merece.

Esperanza Gallego Sánchez
Catedrática de Derecho Mercantil
Vocal Permanente de la Comisión General de Codificación, sección segunda, mercantil

1. INTRODUCCIÓN

El 25 de septiembre de 2015, la Asamblea General de la Organización de las Naciones Unidas adoptó la Resolución "*Transformar nuestro mundo: la Agenda 2030 para el Desarrollo Sostenible*", desde entonces, ampliamente conocida como Agenda 2030. Esta Resolución contiene un plan de acción para los miembros de las Naciones Unidas que contiene diecisiete objetivos y 169 metas a alcanzar en 2030[1]. Uno de los principales propósitos de la Agenda 2030 es lograr "*un mundo en el que los alimentos sean suficientes, inocuos, asequibles y nutritivos*"[2]. para lo cual es conveniente no solo la ingesta de una mayor cantidad de alimentos, sino, sobre todo, que tanto los alimentos destinados a consumo humano como los piensos tengan un mayor contenido nutricional.

Como es obvio, la información nutricional sobre los alimentos, es relevante para la consecución de dicho objetivo, puesto que, de no medirse y comunicarse dicha información a los operadores de la cadena alimentaria, sean productores, transformadores, distribuidores o consumidores, difícilmente podrá evaluarse la mejora de los contenidos nutricionales de los alimentos.

---

1 ORGANIZACIÓN DE LAS NACIONES UNIDAS. *Transforming our world: the 2030 Agenda for Sustainable Development.* Resolution adopted by the General Assembly on 25 September 2015. A/RES/70/1. https://www.un.org/ga/search/view_doc.asp?symbol=A/RES/70/1&Lang=E, pág. 1/35.

2 ORGANIZACIÓN DE LAS NACIONES UNIDAS, *Transforming our world*... pág. 4/35. En el mismo sentido, el Par. 24 afirma "*También estamos decididos a poner fin al hambre y a lograr la seguridad alimentaria con carácter prioritario y a acabar con todas las formas de malnutrición. A este respecto, reafirmamos la importante función y el carácter integrador del Comité de Seguridad Alimentaria Mundial y acogemos con satisfacción la Declaración de Roma sobre la Nutrición y el Marco de Acción*". (ORGANIZACIÓN MUNDIAL DE LA SALUD. *Outcome of the Second International Conference on Nutrition Report by the Director-General.* Document EB 136/8, annexes I and II. 30 December 2014. Págs. 3/21, 13/21 y 14/21, https://apps.who.int/gb/ebwha/pdf_files/EB136/B136_8-en.pdf). "*Dedicaremos recursos al desarrollo de las zonas rurales y a la agricultura y la pesca sostenibles, apoyando a los pequeños agricultores, especialmente a las agricultoras, pastoras y pescadoras de los países en desarrollo, en particular de los países menos adelantados*". (ORGANIZACIÓN DE LAS NACIONES UNIDAS. *Transforming our world*..., pág. 7/35).

Aunque está comprobado que la elección de los alimentos, por parte de los consumidores, depende de múltiples factores, entre los que el contenido nutricional, de poderlo conocer, solo es uno más[3], y no necesariamente el principal[4]. No obstante, el factor del contenido nutricional no debe ser despreciado, y debe poder ser conocido por los consumidores. De hecho, en la elección de ciertos tipos de consumidores, como los que sufren determinados tipos de reacciones

---

3 Así, factores como el precio, las cualidades organolépticas, la educación de los compradores, la publicidad del producto, su lugar en los estantes del supermercado, la procedencia del producto, el amparo de una denominación de origen o una indicación geográfica protegida, etc., suelen ser más decisivos. Por ejemplo, para el aceite de oliva, YANGUI, A., GIL, J. M. Y COSTA-FONT, M. "Comportamiento de los consumidores españoles y los factores determinantes de su disposición a pagar por el aceite de oliva ecológico", en *ITEA-Inf. Tec. Econ. Agrar.* 115(3): 252-269. El precio, envase (forma, colores, tamaño de letra, etc.), la marca, etiquetado con información nutricional, listado de ingredientes, declaraciones nutricionales y de salud son factores clave en la elección. Para un estudio en profundidad de estos y otros múltiples factores, CARRILLO ALAVA, María Elizabeth. *Estudio de las actitudes, conocimientos y comportamientos de los consumidores. Parámetros sensoriales y no sensoriales que intervienen en la elección de alimentos bajos en calorías y enriquecidos con ingredientes funcionales.* Tesis Doctoral Dirigida por: Dra. Susana Fiszman Dal Santo Dra. Paula Varela Tomasco. Universidad Politécnica de Valencia. CSIC - Instituto de Agroquímica y Tecnología de Alimentos (IATA). Valencia, noviembre de 2012, https://riunet.upv.es/bitstream/handle/10251/19007/tesisUPV4009.pdf?sequence=1&isAllowed=y

4 La influencia del contenido nutricional de los alimentos en la decisión de compra está relacionada con la cultura nutricional del consumidor, a falta de esta, el perfil sensorial de un alimento seguido de la relación calidad-precio son los más relevantes. CARRILLO ALAVA, M. E. *Estudio de las actitudes, conocimientos y comportamientos de los consumidores...*, pág. 221.

En cambio, es más probable que los consumidores con mayores conocimientos nutricionales usen la información nutricional del etiquetado a la hora de tomar la decisión de compra. BARREIRO-HURLÉ, J., GRACIA, A. Y DE-MAGISTRIS, T. (2010). "Does nutrition information on food products lead to healthier food choices?" en *Food Policy*, 35, 221-229.

HIMMELSBACH, Elke / ALLEN, Anthony / FRANCAS, Mark. *Study on the Impact of Food Information on Consumers' Decision Making,* TNS European Behaviour Studies Consortium FINAL REPORT. December 2014. Pág. 16. https://food.ec.europa.eu/document/download/bab136cd-638d-4b8d-a7e2-d23e44cb07b6_en?filename=labelling_legislation_study_food-info-vs-cons-decision_2014.pdf&prefLang=es

alérgicas, por ejemplo, los celíacos[5], el contenido nutricional resulta decisivo en su elección[6].

La información nutricional de los alimentos está ampliamente regulada para que sea accesible a los consumidores. Tan detallada resulta que muchos consumidores carecen de la cultura nutricional para aprovecharla. De ahí que existan otras formas adicionales de expresión de dicha información nutricional, como las declaraciones nutricionales o expresiones adicionales en el frontal de los envases, como *Nutri-Score*[7].

No obstante, en los alimentos vegetales no transformados, no envasados, o envasados en los lugares de venta a petición del comprador, o envasados para su venta inmediata, la normativa alimentaria es más laxa, y deja de exigir que se refleje la información nutricional en el etiquetado. La misma solo podrá ser conocida por los consumidores si los operadores de empresa alimentaria deciden incorporarla voluntariamente.

Dichos operadores no solo no la suelen incorporar, sino que la ignoran, lo que ha llevado a que se comercialicen alimentos vegetales no procesados cada vez con menor contenido nutricional.

En el presente estudio, analizaremos diversas medidas que los operadores de la cadena alimentaria de frutas y hortalizas frescas, no

---

5 ENCINAS VELASCO, Irene. *Análisis del proceso de decisión de compra de consumidores celíacos*. Director: Victoria Labajo González. Facultad de Ciencias Económicas y Empresariales. Universidad Pontificia de Comillas. Madrid, abril de 2019. https://repositorio.comillas.edu/xmlui/bitstream/handle/11531/28727/Tfg-Encinas%20Velasco%2C%20Irene.pdf

6 Así como las declaraciones nutricionales y las propiedades saludables influyen en la elección de alimentos saludables, se observaron diferencias de acuerdo al tipo de consumidor, por ejemplo, el diferente comportamiento entre los que buscan nutrientes específicos y los consumidores más sensibles al precio. BARREIRO-HURLÉ, J., GRACIA, A. Y DE-MAGISTRIS, T. (2010). "Does nutrition information on food products lead to healthier food choices?" en *Food Policy*, 35, 221-229.

7 Sistema de etiquetado voluntario que implica la inclusión de información nutricional manifestada mediante otras formas adicionales de expresión y presentación distintas de la propia del etiquetado obligatorio. Es una forma de expresión adicional expresada en el frontal de los envases (*Front of Pack Labelling, FOPL o etiquetado frontal*). https://www.aesan.gob.es/AECOSAN/web/para_el_consumidor/seccion/informacion_Nutri_Score.htm

trasformadas (agricultores, productores, distribuidores y consumidores), puedan incluir la información nutricional de estos alimentos de origen vegetal no elaborados, que se podrían consumir directamente desde su recolección.

Se trata de maneras de expresar la información nutricional más allá del etiquetado, y que incorporan dicha información en los descriptores de las Indicciones Geográficas Protegidas, o las Denominaciones de Origen, o bien en los Registros de Variedades comerciales. Las DO e IGP, porque una de las características diferenciales de las variedades vegetales que protejan será, con frecuencia, sus características organolépticas y alimentarias, que se incluyen en sus descriptores. El Registro de Variedades comerciales porque los exámenes VCU exigen ciertos niveles de contenido nutricional para la comercialización de variedades.

Información que, sin duda, es relevante, y permite contribuir a la consecución de algunos de los diecisiete Objetivos de Desarrollo Sostenible de las Naciones Unidas y algunas de sus metas están relacionados con la agricultura[8].

---

[8] *Objetivo 1: Poner fin a la pobreza en todas sus formas en todo el mundo (Metas 1.1, 1.4, 1.5, 1.a, 1.b)*
Objetivo 2: Poner fin al hambre, lograr la seguridad alimentaria y la mejora de la nutrición y promover la agricultura sostenible (Metas 2.1, 2.2, 2.3, 2.4, 2.5, 2.a)
Objetivo 9: Construir infraestructuras resilientes, promover la industrialización inclusiva y sostenible y fomentar la innovación (Meta 9.5)
Objetivo 12: Garantizar modalidades de consumo y producción sostenibles (Metas 12.2, 12.3, 12.4, 12.a)
Objetivo 15: Proteger, restablecer y promover el uso sostenible de los ecosistemas terrestres, gestionar de forma sostenible los bosques, luchar contra la desertificación, detener e invertir la degradación de las tierras y frenar la pérdida de biodiversidad (Meta 15.3)
Objetivo 17: Reforzar los medios de ejecución y revitalizar la alianza mundial para el desarrollo sostenible: Cuestiones sistémicas: Alianzas entre múltiples partes interesadas (Meta 17.17).
(UPOV. *FAQ on the United Nations Sustainable Development Goals (SDGs), Council, Fifty-First Ordinary Session, Geneva, October 26, 2017,* C/51/19, Rev. págs. 6-7. Appendix to Press Release 112. págs. 1-2. https://www.upov.int/edocs/mdocs/upov/en/c_51/c_51_18.pdf).
En especial, dentro del objetivo 2, podemos concretar las siguientes metas:
"2.3. De aquí a 2030, duplicar la productividad agrícola y los ingresos de los pequeños productores de alimentos, en particular las mujeres, los pueblos indígenas, los agricultores familiares, los pastores y los pescadores, (…)

Finalmente, añadimos un análisis sobre la posibilidad de que el Registro de Obtenciones Vegetales pueda suplir parcialmente este déficit de información nutricional mediante la incorporación de información de trascendencia nutricional como carácter descriptivo de la variedad, que sea evaluada en los exámenes de distinción, homogeneidad y estabilidad (DHE) y produzca efectos en todos los miembros de la Unión Internacional para la Protección de las Obtenciones Vegetales (en adelante, UPOV). Ahora bien, ello es posible si podemos considerar los caracteres nutricionales como caracteres adicionales en los protocolos técnicos y directrices de la autoridad de uno o varios Miembros de la UPOV, que deben comunicarse a la UPOV, para que inicie el proceso de revisión de las directrices de examen de distinción, la homogeneidad y la estabilidad (DHE) de la respectiva especie. De incluirse el contenido nutricional como carácter, los demás Miembros de la UPOV deberán reflejarlo en sus respectivos protocolos.

De admitirse la posibilidad que aquí plateamos, el sistema de la UPOV contribuirá al cumplimiento de la Agenda 2030 para los objetivos de desarrollo sostenible, que incluye un mundo en el que los alimentos sean suficientes, seguros, asequibles y nutritivos protegiendo a los obtentores que desarrollen nuevas variedades más productivas, pero también más nutritivas[9]. Y ello porque la obtención de

---

2.4. Para 2030, garantizar sistemas sostenibles de producción de alimentos y aplicar prácticas agrícolas resilientes que aumenten la productividad y la producción, que ayuden a mantener los ecosistemas, que refuercen la capacidad de adaptación al cambio climático, las condiciones meteorológicas extremas, la sequía, las inundaciones y otras catástrofes, y que mejoren progresivamente la calidad de la tierra y el suelo.
2.5. Para 2020, mantener la diversidad genética de las semillas, las plantas cultivadas (…), incluso mediante bancos de semillas y plantas bien gestionados y diversificados a nivel nacional, regional e internacional, y promover el acceso a los beneficios derivados de la utilización de los recursos genéticos y los conocimientos tradicionales conexos y su distribución justa y equitativa, según lo convenido internacionalmente".
ORGANIZACIÓN DE LAS NACIONES UNIDAS, *Transforming our world…*, pág. 15/35.

9 Si bien es cierto que la consecución de nuevas variedades más nutritivas es uno de los objetivos declarados de la UPOV, ello no se ha reflejado en las reglas de examen de DHE, por lo que los obtentores no han tenido como objetivo la mejora nutricional de las nuevas variedades, lo que ha dado lugar a que las nuevas variedades hayan ido reduciendo su contenido nutricional en favor de una mayor producción, resistencia y durabilidad de sus frutos, y, más reciente-

nuevas variedades de plantas, más nutritivas, más productivas, más resistentes a plagas y enfermedades, más tolerantes a la sal y la sequía, y mejor adaptadas al estrés climático, es relevante para alcanzar estos objetivos, y el sistema de la Unión Internacional para la Protección de las Obtenciones Vegetales (UPOV) anima a los obtentores a desarrollar nuevas variedades, protegiendo sus innovaciones.[10]

mente, una mayor resistencia a plagas y enfermedades, tolerancia a la salinidad y adaptación al estrés climático.

10 "*Los enormes progresos de la productividad agrícola en varias partes del mundo se deben en gran medida a la mejora de las variedades vegetales, junto con la mejora de las prácticas agrícolas. La obtención de variedades vegetales caracterizadas por un mayor rendimiento, un uso más eficiente de los nutrientes, resistencia a las plagas y enfermedades, tolerancia a la sal y a la sequía o una mayor adaptación al cambio climático permite incrementar de manera sostenible la productividad y la calidad de los productos agrícolas, hortícolas y forestales, al mismo tiempo que minimiza la incidencia en el medio ambiente natural. Por otra parte, las obtenciones vegetales adaptadas al medio ambiente en el que se las cultiva implican un aumento de las opciones de alimentos saludables, sabrosos y nutritivos, al tiempo que proporcionan un ingreso adecuado a los agricultores. El sistema de la UPOV de protección de las obtenciones vegetales supone un apoyo para la inversión a largo plazo en fitomejoramiento y proporciona un marco para la inversión en el suministro de semillas y demás material de reproducción o multiplicación de variedades adaptadas a las necesidades de los agricultores. La UPOV se creó en 1961 para contribuir al desarrollo de la agricultura y, desde entonces, ha demostrado su eficacia como sistema de apoyo a distintos tipos de obtentores: los obtentores por cuenta propia, los agricultores, las pequeñas y medianas empresas y los institutos y empresas de mayor tamaño dedicados al fitomejoramiento, tanto en el sector privado como en el público. Desde sus comienzos, el sistema de la UPOV ha tenido por finalidad lograr el máximo progreso en el ámbito del fitomejoramiento a fin de garantizar los avances en la agricultura en beneficio de los agricultores y de la sociedad en su conjunto. Este principio se ampara en la "exención del obtentor", una característica fundamental del sistema de la UPOV desde su creación. Esta exención hace posible que obtentores de todo tipo puedan disponer de las variedades vegetales protegidas con el fin de crear nuevas variedades, en reconocimiento de que el acceso a los recursos genéticos es un requisito indispensable para todo tipo de fitomejoramiento*". UPOV. *FAQ on the United Nations Sustainable Development Goals*... Pág. 2/15. f

2. LA INFORMACIÓN NUTRICIONAL

2.1 El concepto de información nutricional

En la normativa española, existen normas que hacen referencia a contenidos nutricionales concretos, como la del contenido de ácidos grasos saturados, ácidos grasos trans, sal y azúcares (artículos 40 y 43 de la Ley 17/2011, de 5 de julio, de seguridad alimentaria y nutrición), o al contenido de gluten (artículo 58 u) de la Ley 17/2011, de 5 de julio, de seguridad alimentaria y nutrición).

Pero también nos referiremos como concepto de información nutricional, no al concepto genérico señalado en el artículo 2.2 a) del Reglamento (UE) 1169/2011, sobre la información alimentaria facilitada al consumidor[11], sino al contenido, más concreto, de "*nutrientes*" definido en el artículo 2.2 s) del Reglamento (UE) 1169/2011: "*proteínas, hidratos de carbono, grasa, fibra, sodio, vitaminas y minerales, enumerados en el punto 1 de la parte A del anexo XIII del presente Reglamento, y las sustancias que pertenecen o son componentes de una de dichas categorías*"[12].

Conceptos que se detallan en el Anexo I del Reglamento (UE) 1169/2011:

"*1. Por información nutricional» o «etiquetado sobre las propiedades nutritivas» se entenderá la información que indique:*

a) el valor energético, o

b) el valor energético y uno o más de los nutrientes siguientes solo:

---

[11] Artículo 2.2 a) del Reglamento (UE) 1169/2011, sobre la información alimentaria facilitada al consumidor: "*«información alimentaria»: la información relativa a un alimento y puesta a disposición del consumidor final por medio de una etiqueta, otro material de acompañamiento, o cualquier otro medio, incluyendo herramientas tecnológicas modernas o la comunicación verbal*".

[12] Anexo XIII.A.1 que se refiere a la ingesta diaria de referencia en adultos expresados en porcentaje sobre el VRN (Valor de Referencia de Nutrientes), que se podrán reflejar en el etiquetado si constituyen una cantidad significativa, es decir, a partir de un 15% de los valores de referencia de nutrientes especificados en el punto 1, suministrado por 100 g o 100 ml, en el caso de los productos distintos de las bebidas.

– grasas (ácidos grasos saturados, ácidos grasos monoinsaturados, ácidos grasos poliinsaturados),

– hidratos de carbono (azúcares, polialcoholes, almidón),

– sal,

– fibra alimentaria,

– proteínas,

– cualquiera de las vitaminas o los minerales enumerados en el anexo XIII, parte A, punto 1, y presentes en cantidades significativas, según se define en el anexo XIII, parte A, punto 2.

2. Por «grasas» se entenderán todos los lípidos, incluidos los fosfolípidos.

3. Por «ácidos grasos saturados» se entenderán todos los ácidos grasos que no presenten doble enlace.

4. Por «grasas trans» se entenderán los ácidos grasos que poseen, en la configuración trans, dobles enlaces carbono-carbono, con uno o más enlaces no conjugados (a saber, interrumpidos al menos por un grupo metileno).

5. Por «ácidos grasos monoinsaturados» se entenderán todos los ácidos grasos con un doble enlace cis.

6. Por «ácidos grasos poliinsaturados» se entenderán los ácidos grasos con dos o más dobles enlaces interrumpidos cis-cis de metileno.

7. Por «hidratos de carbono» se entiende todos los hidratos de carbono metabolizados por el ser humano, incluidos los polialcoholes.

8. Por «azúcares» se entenderán todos los monosacáridos y disacáridos presentes en los alimentos, excepto los polialcoholes.

9. Por «polialcoholes» se entenderán los alcoholes que contienen más de dos grupos hidroxilo.

10. Por «proteínas» se entenderá el contenido en proteínas calculado mediante la fórmula: proteínas = nitrógeno (Kjeldahl) total × 6,25.

11. Por «sal» se entenderá el contenido equivalente en sal calculado mediante la fórmula: sal = sodio × 2,5.

12. Por «fibra alimentaria» se entenderán los polímeros de hidratos de carbono con tres o más unidades monoméricas, que no son digeridos ni absorbidos en el intestino delgado humano y que pertenecen a las categorías siguientes:

– polímeros de hidratos de carbono comestibles presentes de modo natural en los alimentos tal como se consumen,

– polímeros de hidratos de carbono comestibles que se han obtenido a partir de materia prima alimenticia por medios físicos, enzimáticos o químicos y que tienen un efecto fisiológico beneficioso demostrado mediante pruebas científicas generalmente aceptadas,

– polímeros de hidratos de carbono comestibles sintéticos que tienen un efecto fisiológico beneficioso demostrado mediante pruebas científicas generalmente aceptadas.

13. Por «valor medio» se entenderá el valor que represente mejor la cantidad de un nutriente contenida en un alimento dado y que tenga en cuenta las tolerancias por diferencias estacionales, hábitos de consumo y otros factores que puedan influir en una variación del valor real".

Cuando en el presente estudio hablemos de información del contenido nutricional, nos referiremos a su reflejo en etiquetado y, eventualmente, en las Indicaciones Geográficas Protegidas, las Denominaciones de Origen Protegidas, el Registro de Variedades Comerciales, y el Registro de Obtenciones Vegetales.

2.2 La información nutricional obligatoria contenida en la etiqueta del alimento

La información del contenido nutricional se regula en los artículos 30 y siguientes del Reglamento (UE) 1169/2011, sobre la información alimentaria facilitada al consumidor. Reglamento que exige que se indique la información nutricional (artículo 9, apartado 1, letra l), del Reglamento 1169/2011).

Concretamente, dicho Reglamento exige un contenido nutricional mínimo obligatorio en el etiquetado de los alimentos, que incluye: el valor energético (artículo 30.1 a) del Reglamento (UE) 1169/2011), y las cantidades de grasas, ácidos grasos saturados, hidratos de carbono, azúcares, proteínas y sal (artículo 30.1 b) del Reglamento (UE) 1169/2011).

A este contenido mínimo se le puede añadir una información nutricional limitada: la referente a los ácidos grasos monoinsaturados, ácidos grasos poliinsaturados, polialcoholes, almidón, fibra alimentaria, cualquier vitamina o mineral que figure en el punto 1 de la parte A del anexo XIII (y solo esos) que esté presente en cantidades significativas (artículo 30.2 del Reglamento (UE) 1169/2011).

Los artículos siguientes (artículos 31 a 33 del Reglamento (UE) 1169/2011) establecen el método de cálculo del valor energético y la cantidad de nutrientes (estos expresados en gramos por 100 gramos de alimento y en porcentaje sobre el Valor de Referencia de Nutrientes o VRN, teniendo en cuenta como ingesta de referencia de un adulto medio (8 400 kJ/2 000 kcal), y teniendo en cuenta el análisis del alimento efectuado por el fabricante.

Es un requisito obligatorio para la comercialización del alimento, la medición del contenido nutricional, que realiza o manda realizar el operador de empresa alimentaria[13], responsable de la información alimentaria, que lo comercializa o lo importa (artículo 8.1 del Reglamento 1169/2011). De la constancia de esta medición en la etiqueta, el consumidor puede deducir fácilmente que la variedad vegetal que va a comprar tiene un mayor contenido nutricional que otra variedad, por ejemplo, que contiene una mayor cantidad de determinada vitamina.

Ahora bien, dicha información nutricional debe ser accesible al consumidor, de ahí que los artículos 34 y 35 del Reglamento (UE) 1169/2011, se refieran a la presentación de dicha información nutricional.

El artículo 34 del Reglamento (UE) 1169/2011 persigue que la información nutricional, medida por el operador de la empresa alimentaria, pueda llegar a los consumidores: debe figurar en el mismo campo visual de manera clara, en forma de columna o lineal, regulando incluso el tamaño de la letra. La información debe ser concreta, y solo se permiten declaraciones del tipo "*Contiene cantidades insignificantes de ...*" cuando el valor energético o la cantidad del nutriente en concreto en un producto sea insignificante (artículo 34.5 del Reglamento (UE) 1169/2011).

---

13 Según el artículo 3. 3) del Reglamento (CE) nº 178/2002, "*explotador (u operador) de empresa alimentaria*", es una persona física o jurídica responsable de asegurar el cumplimiento de los requisitos de la legislación alimentaria en la empresa alimentaria bajo su control. Según el punto 2), "*empresa alimentaria*" es toda empresa pública o privada que, con o sin ánimo de lucro, lleve a cabo cualquier actividad relacionada con cualquiera de las etapas de la producción, la transformación y la distribución de alimentos.

Es cierto que solo el consumidor informado entenderá el contenido nutricional que conste en la etiqueta y que, como hemos afirmado más arriba, varios estudios han comprobado que el contenido nutricional no es un factor determinante de la decisión de compra por parte del consumidor que no tenga cultura nutricional informado, pero no por ello deja de ser relevante.

2.3 La información nutricional no obligatoria contenida en la etiqueta del alimento: las declaraciones nutricionales y formas adicionales de expresión o presentación

2.3.1 Las declaraciones nutricionales

Los comercializadores de alimentos son conscientes de la poca importancia del factor nutricional en las compras del consumidor con poca cultura alimentaria, pero también conocen la relevancia que podría tener en su decisión de compra una información nutricional más sencilla y comprensible para ellos. De ahí que, en ocasiones, incluyan junto al etiquetado, o en la publicidad del producto alimentario, alegaciones o declaraciones nutricionales, del tipo LIGHT/LITE (LIGERO)[14].

Estas alegaciones o declaraciones nutricionales se regulan por el Reglamento (CE) nº 1924/2006 del Parlamento Europeo y del Consejo, de 20 de diciembre de 2006, relativo a las declaraciones nutricionales y de propiedades saludables en los alimentos, cuyo artículo 5.2 considera, como referencia para autorizar el uso de declaraciones nutricionales y de propiedades saludables, al consumidor medio, señalando que: *"solamente se autorizará el uso de declaraciones nutricionales*

---

14 El Anexo al Reglamento (CE) nº 1924/2006, relativo a las declaraciones nutricionales y de propiedades saludables en los alimentos reguló un listado de alegaciones o declaraciones nutricionales admitidas tales como: BAJO CONTENIDO DE GRASA, BAJO CONTENIDO DE AZÚCARES, FUENTE DE FIBRA, ALTO CONTENIDO DE PROTEÍNAS, FUENTE DE [NOMBRE DE LAS VITAMINAS] Y/O [NOMBRE DE LOS MINERALES], CONTIENE [NOMBRE DEL NUTRIENTE U OTRA SUSTANCIA], y otras muchas. El Reglamento (UE) 1047/2012, de 8 de noviembre de 2012 (DOUE L 310, de 9.11.2012) modificó las declaraciones: CONTENIDO REDUCIDO DE GRASAS SATURADAS y CONTENIDO REDUCIDO DE AZÚCARES. S

y de propiedades saludables si cabe esperar que el consumidor medio comprenda los efectos benéficos tal como se expresan en la declaración"[15].

Pero también es posible que las declaraciones nutricionales tengan un interés para el consumidor culto nutricionalmente. El nivel de detalle del contenido nutricional exigido es el que hemos mencionado al referirnos al artículo 30 y los Anexos I y XII del Reglamento. Sin embargo, podría existir un interés del operador de empresa alimentaria en añadir algunos elementos, por ejemplo, minerales no reconocidos en la lista del Anexo XII, o de especificar aún más el tipo de proteína, lípido[16], o hidrato de carbono que contenga la variedad de fruta o la hortaliza que quiere comercializar, siendo una declaración nutricional en el etiquetado la vía más lógica y rápida para hacerlo[17].

El Reglamento (CE) nº 1924/2006 ampara la inclusión en el etiquetado de estos elementos no obligatorios, como declaraciones o alegaciones nutricionales, siempre cumpliendo unas reglas generales, y otras específicas que regula para cada declaración nutricional alegada, incluida en la lista de declaraciones nutricionales contenida

---

15 Sobre el Reglamento (CE) nº 1924/2006, ver GONZÁLEZ BOTIJA, Fernando. "Comunicaciones comerciales", en RECUERDA GIRELA, M. Á (dir.). *Tratado de Derecho alimentario*. Pamplona, 2011, págs. 725-862. Especialmente, en págs. 746-762.

16 Como la declaración nutricional FUENTE DE ÁCIDOS GRASOS OMEGA-3 del Anexo del Reglamento (CE) nº 1924/2006, que señala que "*Solamente podrá declararse que un alimento es fuente de ácidos grasos omega-3 o efectuarse cualquier otra declaración que pueda tener el mismo significado para el consumidor, si el producto contiene al menos 0,3 g de ácido alfa-linolénico por 100 g y por 100 kcal, o al menos 40 mg de la suma de ácido eicosapentanoico y ácido decosahexanoico por 100 g y por 100 kcal*".
O el de ALTO CONTENIDO DE ÁCIDOS GRASOS OMEGA-3: "*Solamente podrá declararse que un alimento tiene un alto contenido de ácidos grasos omega-3 o efectuarse cualquier otra declaración que pueda tener el mismo significado para el consumidor, si el producto contiene al menos 0,6 g de ácido alfa-linolénico por 100 g y por 100 kcal, o al menos 80 mg de la suma de ácido eicosapentanoico y ácido decosahexanoico por 100 g y por 100 kcal*".

17 Se comprobó que existe una serie amplia de nutrientes y otras sustancias (vitaminas, minerales, incluidos oligoelementos, aminoácidos, ácidos grasos esenciales, fibra, diversas plantas y extractos de hierbas) con un efecto nutricional o fisiológico que pueden estar presentes en un alimento y ser objeto de una declaración. GONZÁLEZ BOTIJA, Fernando. "Comunicaciones comerciales", en RECUERDA GIRELA, M. Á (dir.). Tratado de Derecho alimentario. Pamplona, 2011, pág. 750.

en su anexo. Con el cumplimiento de dichas reglas se garantiza la protección de los consumidores, al acceder a una información necesaria para elegir con pleno conocimiento de causa, se crean condiciones iguales de competencia para la industria alimentaria, en todo el mercado alimentario de la Unión Europea[18].

Las reglas generales se contienen en el artículo 5 del Reglamento (CE) nº 1924/2006, que establece que solo se pueden autorizar declaraciones nutricionales y de propiedades saludables que cumplan las siguientes condiciones:

"a) se ha demostrado que la presencia, ausencia o contenido reducido, en un alimento o una categoría de alimentos, de un nutriente u otra sustancia respecto del cual se efectúa la declaración posee un efecto nutricional o fisiológico benéfico, establecido mediante pruebas científicas generalmente aceptadas;

b) el nutriente u otra sustancia acerca del cual se efectúa la declaración:

i) está contenido en el producto final en una cantidad significativa tal como se define en la legislación comunitaria o, en los casos en que no existan normas al respecto, en una cantidad que produzca el efecto nutricional o fisiológico declarado, establecido mediante pruebas científicas generalmente aceptadas; o

ii) no está presente o está presente en una cantidad reducida que produzca el efecto nutricional o fisiológico declarado, establecido mediante pruebas científicas generalmente aceptadas;

c) cuando sea pertinente, el nutriente u otra sustancia sobre el cual se efectúa la declaración se encuentra en una forma asimilable por el organismo;

d) la cantidad del producto que cabe razonablemente esperar que se consuma proporciona una cantidad significativa del nutriente u otra sustancia a que hace referencia la declaración, tal como se define en la legislación comunitaria o, en los casos en que no existan normas al respecto, una cantidad significativa que produzca el efecto nutricional o fisiológico declarado, establecido mediante pruebas científicas generalmente aceptadas;

e) se reúnen las condiciones específicas establecidas en el capítulo III o el capítulo IV, según corresponda".

---

18 GONZÁLEZ BOTIJA, Fernando. "Comunicaciones comerciales", en RECUERDA GIRELA, M. Á (dir.). Tratado de Derecho alimentario. Pamplona, 2011, pág. 750-752.

En cuanto a las reglas específicas, se concretan en el listado de declaraciones nutricionales incluidas en el anexo del Reglamento (CE) nº 1924/2006. Por ejemplo, son adecuadas para incluir una referencia a un elemento no obligatorio, o con mayor detalle que el que se exige obligatoriamente en la información nutricional del etiquetado:

– CONTIENE [NOMBRE DEL NUTRIENTE U OTRA SUSTANCIA]:"*Solamente podrá declararse que un alimento contiene un nutriente u otra sustancia, para los que no se establezcan condiciones específicas en el presente Reglamento, así como efectuarse cualquier otra declaración que pueda tener el mismo significado para el consumidor, si el producto cumple todas las disposiciones aplicables previstas en el presente Reglamento, y en particular en el artículo 5. Por lo que respecta a las vitaminas y minerales, se aplicarán las condiciones correspondientes a la declaración «fuente de»*".

– MAYOR CONTENIDO DE [NOMBRE DEL NUTRIENTE]: "*Solamente podrá declararse que se ha incrementado el contenido de uno o más nutrientes, distintos de vitaminas o minerales, así como efectuarse cualquier otra declaración que pueda tener el mismo significado para el consumidor, si el producto cumple las condiciones previstas para la declaración «fuente de» y el incremento de su contenido es de, como mínimo, el 30% en comparación con un producto similar*".

2.3.2 Las formas adicionales de expresión o presentación, en especial, el etiquetado frontal

No es objeto del presente estudio centrarnos en la forma de presentación de los alimentos vegetales no transformados, ni en la comunicación de alegaciones nutricionales, pues son más cuestiones de divulgación y publicidad que no afectan ni son competencia de la información que pueden incluir en sus estudios los operadores que se encargan de realizar los análisis de Distinción, Homogeneidad, y Estabilidad (DHE) o de Valor de Cultivo y Uso (VCU) a los que nos referiremos en la última parte y con la que pretendemos enlazar esta exposición.

Simplemente queremos recordar aquí que el artículo 35.1 del Reglamento (UE) 1169/2011, permite formas adicionales de expresión o presentación, siempre que se cumplan todos los requisitos siguientes:

"a) se basen en estudios rigurosos y válidos científicamente sobre los consumidores y no induzcan a engaño al consumidor,

b) su desarrollo sea el resultado de la consulta de un amplio abanico de los grupos interesados;

c) estén destinadas a facilitar la comprensión del consumidor sobre la contribución o la importancia del alimento en relación con el aporte energético y de nutrientes de una dieta;

d) estén respaldadas por pruebas científicas válidas que demuestren que el consumidor medio comprende tales formas de expresión y presentación;

e) en el caso de otras formas de expresión, estén basadas en las ingestas de referencia armonizadas que se establecen en el anexo XIII, o, a falta de ellas, en dictámenes científicos generalmente aceptados sobre ingestas de energía o nutrientes;

f) sean objetivas y no discriminatorias, y

g) su aplicación no suponga obstáculos a la libre circulación de mercancías".

Acaba el artículo 35 señalando que los Estados miembros podrán recomendar a los operadores de empresas alimentarias hacer uso de una o más formas de expresión o presentación de la información nutricional que consideren que mejor cumple estos requisitos, deberán comunicar a la Comisión los detalles de dichas formas adicionales de expresión y presentación, garantizarán un seguimiento apropiado de las mismas. Formas adicionales que los Estados miembros podrán exigir a los operadores de empresas alimentarias que comercialicen en el mercado de su territorio alimentos con dicha información.

En aplicación de este artículo, las autoridades nacionales y de la Unión Europea han desarrollando formas de expresión adicionales en el frontal de los envases (*Front of Pack Labelling, FOPL o etiquetado frontal*)[19], como *Nutri-Score*[20].

---

19 WORLD HEALTH ORGANIZATION. *Guiding principles and framework manual for front-of-pack labelling for promoting healthy diet.* 2017. https://cdn.who.int/media/docs/default-source/healthy-diet/guidingprinciples-labelling-promoting-healthydiet.pdf?sfvrsn=65e3a8c1_7&download=true

20 https://www.aesan.gob.es/AECOSAN/web/para_el_consumidor/seccion/informacion_Nutri_Score.htm

2.4 *La información nutricional de los alérgenos, obligatoria en todo caso*

En el caso de que el elemento nutricional sea un alérgeno, la mención de dicho elemento es obligatoria, tanto en alimentos envasados como no envasados[21], conforme al artículo 21 del Reglamento (UE) 1169/2011), que señala que deberá indicarse en la lista de ingredientes (y no en la de información nutricional) la denominación de la sustancia o producto, por ejemplo, el gluten, y se destacará mediante una composición tipográfica que la diferencie claramente del resto de la lista de ingredientes, o, de no existir lista, se señale "contiene...", la denominación del alimento haga referencia claramente a la sustancia o producto de que se trate.

En caso de incluirse como declaración nutricional los alérgenos "sin lactosa" o "sin gluten", dirigidos a una población especial, existen normas específicas: El Reglamento (CE) nº 1924/2006, en su considerando (21), señalaba que, si se dirigían a un grupo de consumidores que padecían trastornos específicos, debían "*tratarse en la Directiva 89/398/CEE del Consejo, de 3 de mayo de 1989, relativa a la aproximación de las legislaciones de los Estados miembros sobre los productos alimenticios destinados a una alimentación especial*". Además, dicha Directiva preveía "*la posibilidad de que los productos alimenticios para consumo normal indiquen que su uso conviene para estos grupos de consumidores, siempre que tales productos cumplan las condiciones para dicha declaración*". La Directiva 89/398/CEE, fue derogada por la Directiva 2009/39/CE del Parlamento Europeo y del Consejo, de 6 de mayo de 2009, relativa a los productos alimenticios destinados a una alimentación especial (versión refundida) (Texto pertinente a efectos del EEE), que, a su vez, fue derogada por el Reglamento (UE) n º 609/2013 del Parlamento Europeo y del Consejo, de 12 de junio de 2013, relativo a los alimentos destinados a los lactantes y niños de corta edad, los alimentos para usos médicos especiales y los sustitutivos de la dieta

---

21 El considerando (48) del Reglamento (UE) 1169/2011 recuerda que "*la información sobre los alérgenos potenciales es muy importante. Existen indicios de que la mayoría de los incidentes de alergia alimentaria tienen su origen en alimentos no envasados. Por tanto, siempre debe facilitarse al consumidor la información sobre los alérgenos potenciales*".

completa para el control de peso y por el que se derogan la Directiva 92/52/CEE del Consejo, las Directivas 96/8/CE, 1999/21/CE, 2006/125/CE y 2006/141/CE de la Comisión, la Directiva 2009/39/CE del Parlamento Europeo y del Consejo y los Reglamentos (CE) n ° 41/2009 y (CE) n ° 953/2009 de la Comisión Texto pertinente a efectos del EEE, actualmente vigente.

El Reglamento (UE) n ° 609/2013 establece los requisitos obligatorios (y suficientes, según su artículo 4) de composición e información para la comercialización de las siguientes categorías de alimentos:

a) preparados para lactantes y preparados de continuación;
b) alimentos elaborados a base de cereales y alimentos infantiles;
c) alimentos para usos médicos especiales;
d) sustitutivos de la dieta completa para el control del peso.

Entre los requisitos que puedan afectar a alimentos vegetales, destacan no solo los referentes al etiquetado y a las declaraciones nutricionales específicas, sino también las referentes al uso de plaguicidas y para los residuos de plaguicidas en dichos alimentos, que, en el caso de se destinen a lactantes y niños de corta edad incluirán disposiciones para restringir en la medida de lo posible la utilización de plaguicidas (artículo 11 b) del Reglamento (UE) n ° 609/2013).

Es por ejemplo el caso de:

- los alimentos irradiados,
- los alimentos que consisten, contienen o son fabricados a partir de organismos modificados genéticamente, o
- los alimentos que contienen colorantes enumerados en el anexo V del Reglamento (UE) n.o 1333/2008 del Parlamento Europeo y del Consejo, de 16 de diciembre de 2008, sobre aditivos alimentarios. Tales exigencias se encuentran reguladas por las correspondientes normas específicas y aunque no se reiteran en este real decreto, ello no significa que no hayan de ser respetadas y tenidas en consideración para la comercialización de los alimentos no envasados.

2.5 La deficiente información nutricional contenida en el etiquetado de los alimentos vegetales no envasados

El Reglamento (UE) nº 1169/2011, sobre la información alimentaria facilitada al consumidor[22], exige la visualización del contenido de nutrientes en los alimentos, que deben incluir una etiqueta sobre información nutricional de forma obligatoria, incluyendo los nutrientes ya mencionados. Y lo hace para todo tipo de alimentos destinados al consumidor final, y en todas las fases de la cadena alimentaria, *en caso de que sus actividades conciernan a la información alimentaria facilitada al consumidor* (artículo 1.3 del Reglamento (UE) 1169/2011).

Información alimentaria que se referirá a la denominación del alimento, información sobre sus ingredientes, alérgenos, su cantidad neta, su fecha de caducidad, condiciones de conservación y utilización, origen, y la información nutricional (artículo 9.1 del Reglamento (UE) 1169/2011).

No debemos confundir la información sobre los ingredientes[23] y la información nutricional. Las normas sobre información nutricional del Reglamento (UE) 1169/2011 son obligatorias para todo alimento, incluidas las frutas y hortalizas envasadas.

---

22 Reglamento (UE) n o 1169/2011 del Parlamento Europeo y del Consejo, de 25 de octubre de 2011, sobre la información alimentaria facilitada al consumidor y por el que se modifican los Reglamentos (CE) n o 1924/2006 y (CE) n o 1925/2006 del Parlamento Europeo y del Consejo, y por el que se derogan la Directiva 87/250/CEE de la Comisión, la Directiva 90/496/CEE del Consejo, la Directiva 1999/10/CE de la Comisión, la Directiva 2000/13/CE del Parlamento Europeo y del Consejo, las Directivas 2002/67/CE, y 2008/5/CE de la Comisión, y el Reglamento (CE) n o 608/2004 de la Comisión Texto pertinente a efectos del EEE (en adelante, Reglamento (UE) 1169/2011, sobre la información alimentaria facilitada al consumidor).

23 Artículo 2.2.f) del Reglamento (UE) 1169/2011: «ingrediente»: cualquier sustancia o producto, incluidos los aromas, los aditivos alimentarios y las enzimas alimentarias y cualquier componente de un ingrediente compuesto que se utilice en la fabricación o la elaboración de un alimento y siga estando presente en el producto acabado, aunque sea en una forma modificada; los residuos no se considerarán ingredientes;

Pero en caso de que los alimentos se presenten sin envasar[24] para la venta al consumidor final o a colectividades[25], o en el caso de los alimentos sean envasados en los lugares de venta a petición del comprador, o envasados para su venta inmediata, el artículo 44 del Reglamento (UE) 1169/2011 exige únicamente que se mencione *"todo ingrediente o coadyuvante tecnológico (.) que cause alergias o intolerancias y se utilice en la fabricación o la elaboración de un alimento y siga estando presente en el producto acabado, aunque sea en una forma modificada"* (y que figure en el anexo II o derive de una sustancia o producto que figure en dicho anexo) (artículo 9, apartado 1, letra c) del Reglamento (UE) 1169/2011), y establece que no será obligatoria la indicación de las demás menciones a que se refieren los artículos 9 y 10 del Reglamento (UE) 1169/2011, lo que incluye la exención de la obligatoriedad de mención de la información nutricional (contenida en el artículo 9, apartado 1, letra l) del Reglamento (UE) 1169/2011). Todo ello sin perjuicio de que los Estados miembros adopten medidas nacionales que exijan indicar algunas o todas esas menciones o partes de dichas menciones, lo que comunicarán a la Comisión.

Además, las normas sobre los ingredientes contenidas en el Reglamento (UE) 1169/2011, no son aplicables a las frutas y hortalizas frescas, estén o no envasadas, pues el artículo 19 del Reglamento (UE) 1169/2011 establece que: "*1. No se exigirá que los alimentos siguientes vayan provistos de una lista de ingredientes: a) las frutas y hortalizas frescas, incluidas las patatas, que no hayan sido peladas, cortadas o sometidas a cualquier otro tratamiento similar*".

---

24 Artículo 2.2.e) del Reglamento (UE) 1169/2011: «alimento envasado»: cualquier unidad de venta destinada a ser presentada sin ulterior transformación al consumidor final y a las colectividades, constituida por un alimento y el envase en el cual haya sido acondicionado antes de ser puesto a la venta, ya recubra el envase al alimento por entero o solo parcialmente, pero de tal forma que no pueda modificarse el contenido sin abrir o modificar dicho envase; la definición de «alimento envasado» no incluye los alimentos que se envasen a solicitud del consumidor en el lugar de la venta o se envasen para su venta inmediata;

25 Artículo 2.2.d) del Reglamento (UE) 1169/2011: «colectividades»: cualquier establecimiento (incluidos un vehículo o un puesto fijo o móvil), como restaurantes, comedores, centros de enseñanza, hospitales y empresas de suministro de comidas preparadas, en los que, como actividad empresarial, se preparan alimentos listos para el consumo por el consumidor final;

Tal exclusión se deriva de que el etiquetado de este tipo de productos se regula por normas especiales, por ejemplo, el Reglamento de Ejecución (UE) n ° 543/2011 de la Comisión, de 7 de junio de 2011, por el que se establecen disposiciones de aplicación del Reglamento (CE) n ° 1234/2007, del Consejo[26], en los sectores de las frutas y hortalizas y de las frutas y hortalizas transformadas.

En estas normas se establece la necesidad de indicar una serie de menciones que deben reflejarse en la etiqueta de las frutas y hortalizas cuya comercialización, envasada o no envasada, regulan, o en el documento que acompañe a las mercancías, si son transportadas a granel, o en una ficha situada visiblemente en el interior del medio de transporte; o, en contratos a distancia, la posibilidad de conocerlas antes de que se concluya la compra. Las facturas y documentos de acompañamiento, excepto los recibos para el consumidor, deben indicar el nombre y el país de origen de los productos y, según proceda, la categoría, variedad o tipo comercial si una norma de comercialización específica así lo exige, o que el producto se destina a la transformación. Y si la venta es al por menor, los productos podrán presentarse para su venta a condición de que el minorista exhiba junto a los mismos, de forma destacada y legible, las menciones particulares relativas al país de origen y, según proceda, la categoría y la variedad o el tipo comercial de tal forma que no induzca a error al consumidor[27].

---

26 Sustituido por el Reglamento (UE) n ° 1308/2013 del Parlamento Europeo y del Consejo, de 17 de diciembre de 2013, por el que se crea la organización común de mercados de los productos agrarios y por el que se derogan los Reglamentos (CEE) n ° 922/72, (CEE) n ° 234/79, (CE) n ° 1037/2001 y (CE) n ° 1234/2007.

27 En realidad, estas normas son concreciones de la más general contenida en el artículo 8 del Reglamento (UE) nº 1169/2011, que, en su punto 6, señala: "*En las empresas que estén bajo su control, los operadores de empresas alimentarias garantizarán que la información relativa a los alimentos no envasados destinados a ser suministrados al consumidor final o a las colectividades se comunique al operador de empresa alimentaria que vaya a recibir el alimento para que, cuando así se requiera, se pueda facilitar al consumidor final la información alimentaria obligatoria*".

Y en el artículo 12.2 señala que, en los alimentos envasados, la información alimentaria obligatoria figurará directamente en el envase o en una etiqueta sujeta al mismo, aunque habilita a la Comisión para que sea posible expresar una o varias menciones obligatorias de un modo que no sea en el envase o en la

No se incluye, por tanto, referencia expresa alguna a la inclusión de la información nutricional de los alimentos vegetales en dichos documentos como requisito necesario para su comercialización, en los casos de alimentos vegetales no transformados que se presenten sin envasar para la venta al consumidor final o a colectividades, o en el caso de los alimentos sean envasados en los lugares de venta a petición del comprador, o envasados para su venta inmediata.

Es cierto que, de manera indirecta, es posible conocer algunos de los elementos nutricionales de los alimentos vegetales, al menos en el caso de frutas y hortalizas comercializadas, pues las normas de comercialización específicas de cada fruta u hortaliza regulada, hacen referencia a las "variedades (cultivares)" (...) "*que se destinen a su entrega en estado fresco al consumidor, con exclusión de las manzanas destinadas a la transformación industrial*". Como veremos, la comercialización de dichas variedades requiere su previa inscripción en el registro de variedades comerciales, en el que, como veremos, previo examen Valor de Cultivo y Uso (VCU), se incluirán referencias nutricionales de las variedades de frutas y hortalizas registradas.

Es obvio que esta información nutricional contenida en los registros de variedades comerciales es de difícil acceso para el consumidor en el momento de la compra, de ahí que la vía más adecuada para que el consumidor pueda acceder a dicha información nutricional será la de que el operador de empresa alimentaria, el productor o el comercializador de alimentos vegetales, como frutas y hortalizas, cumpla voluntariamente lo dispuesto en el Reglamento 1169/2011 (y, en su caso, las normas sobre declaraciones nutricionales). El Reglamento 1169/2011 no prohíbe el cumplimiento voluntario, salvo cuando este pueda confundir al consumidor[28], lo que, cumpliéndose

---

etiqueta. En caso de venta a distancia, el artículo 14 señala que la información alimentaria obligatoria, estará disponible antes de que se realice la compra y figurará en el soporte de la venta a distancia o se facilitará a través de otros medios apropiados claramente determinados.

28 En cuyo caso, no se justificaría. Considerando (42) del Reglamento (UE) nº 1169/2011 "*(...) alimentos no envasados que puedan estar exentos del etiquetado nutricional obligatorio, debe ofrecerse la posibilidad de declarar únicamente una parte de los elementos de la información nutricional. No obstante, conviene determinar con claridad la información que puede facilitarse a título voluntario a fin de evitar que la libertad de elección de los operadores de empresas alimentarias pueda inducir a error al consumidor*".

estrictamente el Reglamento 1169/2011, y, en su caso, sus normas de ejecución y las normas sobre declaraciones nutricionales, no parece que pueda generar dicha confusión. Con todo, en la práctica, los operadores de empresa alimentaria de alimentos vegetales no envasados, en especial, las comercializadoras de frutas y hortalizas, no suelen incluir la referencia a la información nutricional.

3. LOS OPERADORES DE LA CADENA ALIMENTARIA NO TIENEN EN CUENTA LA INFORMACIÓN NUTRICIONAL

De acuerdo con lo visto hasta ahora, salvo que el alimento contenga alérgenos, la información nutricional de los alimentos vegetales no transformados, especialmente las frutas y hortalizas, no es de obligada inclusión en su etiquetado.

3.1 Los agricultores se ven forzados a no tener en cuenta el contenido nutricional de las variedades que cultivan

Ello no quiere decir que su contenido nutricional no sea medido, sino que no se impone el reflejo de dicha información en su etiquetado.

Tal vez esta falta de exigencia hace que, en parte, la valoración de dichos productos tenga en cuenta su precio, su origen, sus caracteres fenotípicos morfológicos (colores, formas, tamaños), su durabilidad[29],

---

[29] Caracteres de durabilidad se han incluido en las directrices de exámenes DHE de variedades vegetales del tomate y el melón.
Respecto al tomate, el carácter 42. "*Shelf Life*" o "*vida en anaquel*" especifica que: "*La duración de la vida de anaquel se calcula mediante el número de semanas que el fruto se conserva en el estante. Se seleccionan 20 frutos por parcela (2 por planta) de la 4°, 5° o 6° racimo que presenten etapas similares de madurez exterior (cuando el color verde desaparece de la mitad del fruto). Los frutos se almacenan en cajas dispuestas en una sola capa. Las cajas pueden almacenarse unas sobre otras si se permite que el aire circule libremente entre ellas. No es necesario que el almacén cuente con condiciones controladas de almacenamiento, pero se debe poseer condiciones similares a aquellas en las cuales se desarrolló el ensayo, pero sin insolación directa. Se efectúa una observación cada siete días, evaluando la firmeza de los frutos, con cuidado de no dañarlos, y desechando los que estén deteriorados o podridos. La finalidad de la observación es determinar el momento en que la falta de firmeza de los frutos los descalifica para su comercialización (la firmeza es inferior o igual a la nota 3 "blando" del carácter 40). La vida de anaquel se calcula contando el número de semanas que transcurren entre la recogida de los frutos y el momento en que la falta de firmeza impide su comercialización. Las observaciones pueden completarse en la 8ª semana si todavía quedan algunas variedades*" (UPOV. *Guidelines for the Conduct of Tests for Distinctness,*

o su peso[30], de clara utilidad comercial, que sí se miden y exigen por parte de los distribuidores[31], importadores, y transformadores de los

Uniformity and Stability. Tomato. UPOV Code: SOLAN_LYC *Solanum lycopersicum* L. TG/44/11 Rev. 3. ORIGINAL: English. DATE: 2011-10-20 + 2013-03-20 + 2018-10-30 + 2019-10-29, pág. 21 y 40).

Respecto al melón, el carácter 68, sobre "*conservación post cosecha del fruto*" señala: "*La conservación post cosecha del fruto es el tiempo que este último permanece firme al ser almacenado. Se almacenan cinco frutos por parcela en cajas diferentes y dispuestos en una única capa. Las cajas pueden almacenarse una encima de la otra si el aire circula entre ellas. El área de almacenamiento no tiene que estar controlada climáticamente, pero debe poseer las condiciones naturales adecuadas para el almacenamiento de frutas. Las observaciones se realizarán a intervalos regulares de 3 ó 4 días, observando la firmeza de los frutos, teniendo cuidado de no dañarlos, y eliminando los que están deteriorados o podridos. La observación consiste en determinar cuándo pasan a ser blandos los frutos, es decir, cuándo es igual o inferior la firmeza del fruto a la de la Nota 3 "blando" del carácter 57*" (UPOV. *Guidelines for the Conduct of Tests for Distinctness, Uniformity and Stability. Melon.* UPOV Code: CUCUM_MEL *Cucumis melo* L. TG/104/5 Rev. 2 ORIGINAL: English. DATE: 2006-04-05 + 2014-04-09, págs. 26 y 38).

30 Muchos exámenes DHE de variedades vegetales tienen en cuenta el peso, medido en peso de 1000 semillas con un porcentaje de humedad concretos: como en el carácter con asterisco 38 del arroz, medido con humedad al 14%, (UPOV. *Guidelines for the Conduct of Tests for Distinctness, Uniformity and Stability. Rice.* UPOV Code(s): ORYZA_SAT *Oryza sativa* L. TG/16/9 ORIGINAL: English DATE: 2020-12-17, págs. 18 y 25), el carácter 20 de la quinoa (UPOV. *Guidelines for the Conduct of Tests for Distinctness, Uniformity and Stability. Quinoa.* UPOV Code(s): CHENO_QUI. *Chenopodium quinoa* Willd. TG/328/1 ORIGINAL: English DATE: 2018-10-30, pág. 11), el carácter 30 del sorgo (UPOV. *Guidelines for the Conduct of Tests for Distinctness, Uniformity and Stability. Sorghum.* UPOV Code: SRGHM_BIC; SRGHM_DRU. Sorghum bicolor (L.) Moench; Sorghum ×drummondii (Steud.) Millsp. & Chase. TG/122/4 ORIGINAL: English. DATE: 2015-03-25, pág. 14), o el carácter con asterisco 28 del mijo común (UPOV. *Guidelines for the Conduct of Tests for Distinctness, Uniformity and Stability. Common millet.* UPOV Code: PANIC_MIL *Panicum miliaceum* L. TG/248/1 ORIGINAL: English DATE: 2007-03-28, pág. 15).

En peso de 100 semillas: como en el carácter 23 del café, medido con un 12% de humedad, (UPOV. *Guidelines for the Conduct of Tests for Distinctness, Uniformity and Stability. Coffee.* UPOV Codes: COFFE_ARA; COFFE_CAN; COFFE_ACA. Coffea arabica L.; C. canephora Pierre ex A. Froehner; C. arabica × C. canephora hybrids. TG/249/1 ORIGINAL: English. DATE: 2008-04-09, págs. 12 y 17), o el carácter con asterisco 18 de la judía adzuki, medido con un 15% de humedad, (UPOV. *Guidelines for the Conduct of Tests for Distinctness, Uniformity and Stability. Adzuki Bean.* UPOV Code: VIGNA_ANG. Vigna angularis (Willd.) Ohwi & H. Ohashi. TG/312/1 ORIGINAL: English DATE: 2015-03-25, págs. 10 y 13).

productos alimentarios vegetales, y que se exigen a los agricultores que los producen.

La exigencia a los agricultores suele concretarse en contratos de integración, cuando el agricultor produce exclusivamente para la empresa agroalimentaria integradora[32], que, además, suele tener el control de los derechos de explotación de la variedad vegetal. En este sentido, parece que el sistema de la UPOV ha favorecido la concentración de los derechos de los obtentores en corporaciones internacionales (*Monsanto - Bayer, Syngenta*...), con el consiguiente riesgo del abuso de su posición dominante[33], y la dependencia de los agri-

---

En peso de 100 frutos: como en el carácter 18 del café, con un 12% de humedad (UPOV. *Guidelines for the Conduct of Tests for Distinctness, Uniformity and Stability. Coffee.* págs. 11 y 169).

31 En ocasiones son los distribuidores los que imponen determinados caracteres de las variedades cultivares a los productores, directamente, o a los intermediarios entre ambos, incluso en el caso de que sean importadores, en los clausulados de los contratos que concluyen con los mismos. Clausulados que, en muchas ocasiones, se remiten a estándares o códigos de conducta establecidos por asociaciones de distribuidores y que se imponen por vía contractual, en toda la cadena alimentaria de dichos productos. Sobre los códigos de conducta y la autorregulación en el Derecho alimentario, MARTÍNEZ CAÑELLAS, Anselmo M. "Derecho privado alimentario", en RECUERDA GIRELA, M. A. *Tratado de Derecho alimentario.* Pamplona, 2011, págs. 377-480. Se trata especialmente la autorregulación en Derecho alimentario en las páginas 428 a 475.

32 En estos contratos, los agricultores no pueden elegir la variedad, sino que quedan vinculados al cultivo de una determinada variedad por haber concluido un contrato con el transformador o con el titular de los derechos de obtentor de dicha variedad para su reproducción. MARTÍNEZ CAÑELLAS, Anselmo M. "Contratos de integración de la producción y distribución de semillas transgénicas", en Domènech Martínez, G. (ed. lit.), González Botija, F. (ed. lit.), Millán Salas, F. (ed. lit.). *Temas Actuales de Derecho Agrario y Agroalimentario.* Universidad Politécnica de Valencia = Universitat Politècnica de València. Valencia. 2016; MARTÍNEZ CAÑELLAS, Anselmo M. "Monopolio legal e integración vertical de la producción de semillas transgénicas por la empresa biotecnológica, patentes biotecnológicas y contratos de integración agroindustrial", en *Revista de derecho de la competencia y la distribución*, nº 13, 2013, págs. 81-134; BELTRÁN SÁNCHEZ, Emilio. "Sobre los contratos de integración vertical en la agricultura", en *Anuario de derecho civil*, Vol. 42, Nº 2, 1989, págs. 445-468.

33 Monopolio que no se consigue solo por medio de los derechos cuasi monopolísticos concedidos al obtentor hasta que la variedad pase a dominio público. Cuasi monopolísticos porque la UPOV, a diferencia de otros sistemas de protección de la propiedad intelectual-industrial ofrece una importante excepción: la ex-

cultores[34]. La infraestructura para desarrollar las técnicas modernas de fitomejoramiento para crear una nueva variedad es cara[35], y las técnicas tradicionales de fitomejoramiento que utilizan los agricultores no están cubiertas por la UPOV (las variedades vegetales fruto de los sistemas tradicionales de fitomejoramiento pueden no pasar los exámenes DHE, y los agricultores tradicionales no tienen la fuerza

---

cepción del agricultor, uso para fines privados y de investigación, agotamiento de su derecho (artículos 15 y 16 del Convenio UPOV 1991). Precisamente para evitar dichas excepciones, las multinacionales no incluyen todas sus semillas en el catálogo de variedades vegetales (lo que no es obligatorio), y, en caso de incluirla en el catálogo de variedades comerciales (que sí es obligatorio para su posterior comercialización), lo hace en calidad de variedades reservadas, y las ceden a los a los agricultores mediante contratos de integración con cláusulas de exclusividad y confidencialidad.

Eso hace *Limagrain* en Francia, que tiene variedades reservadas (*variété reservé*) específicas para producir el pan que luego vende a través de una filial (LUCET, Élise. Cash Investigation - BENDALI, Linda (2019). *Multinationales: le hold up sur nos fruits et légumes* - (Video) S07E06, Premièrs Lignes Télévision. 16 juin 2019. https://www.youtube.com/watch?v=zRf5zaxhnaA, 2019, minutos: 1:29:30 a 1:33:26).

34 Según Olivier d'Schutter, Relator Especial de las Naciones Unidas sobre el derecho a la alimentación, "Es una privatización de la vida que destruye la biodiversidad". Biodiversidad que se ha perdido en un 75% respecto a la situación anterior al desarrollo de variedades híbridas estandarizadas. Ello genera fragilidad del medio ambiente y amenaza a la seguridad alimentaria mundial. BENDALI, Linda (Dir.) *Las semillas del beneficio.* (Video). Premièrs Lignes Télévision. 2019. https://www.documaniatv.com/social/las-semillas-del-beneficio-video_3915d1b9f.html, minutos 43:32 a 44:38. Fragilidad de las semillas que no viene mal a las multinacionales de semillas, pues tres de las cuatro comercializan también son fabricantes de pesticidas (*Bayer - Monsanto, Syngenta, Dow - Du Pont*). Producen semillas dependientes de los insumos (los pesticidas). BENDALI, Linda (Dir.) *Las semillas del beneficio,* minutos 44:39 a 45:32. Con ello, las multinacionales expulsarán al agricultor tradicional y se harán con el monopolio de la producción y de la propiedad industrial de las mismas. BENDALI, Linda (Dir.) *Las semillas del beneficio,* minutos 45:34 a 46:38.

35 400 cruces anuales, e investigaciones de 3 años o más. BENDALI, Linda (Dir.) *Las semillas del beneficio.* (Video). Premièrs Lignes Télévision. 2019. https://www.documaniatv.com/social/las-semillas-del-beneficio-video_3915d1b9f.html, minutos 9:19 a 9:40. Por ello, un kilo de ciertas semillas de tomate puede costar mucho: 400.000 euros las del tomate *cherry* amarillo, ó 60.000 euros las del tomate de suelo. El coste es alto por varios motivos: los de investigación, el método "artesanal" de la producción de semillas (como la polinización manual) y la alta demanda en un mercado monopolizado técnicamente por la imposibilidad de resiembra por parte del agricultor.

financiera para cumplir con los trámites legales necesarios para pasar estos exámenes DHE, por lo que difícilmente pueden comercializar sus semillas de nuevas variedades)[36].

Imposición que también puede venir impuesta a través de cláusulas concretas en los contratos con los intermediarios o, directamente impuestas en ellos por remisión a códigos de conducta o normas de *soft law* sobre calidad impuestas por las grandes cadenas de distribución[37].

---

36 El mantenimiento de la agricultura tradicional mediante la comercialización de semillas libres de propiedad intelectual (como las que vende la *Association Kokopelli*, BENDALI, Linda (Dir.) *Las semillas del beneficio*, minutos 46:40 a 49:33) está en el límite de lo legal, según Ananda Guillet, *président de la Association Kokopelli*, pues vende, a jardineros aficionados, semillas que, aunque sean tradicionales (y libres de derechos de propiedad industrial), no están en el catálogo oficial de las variedades comerciales. LUCET, É., 2019, minutos: 1:19:05 a 1:20:54).
De hecho, la *Association Kokopelli* fue condenada penalmente por la *Cour de Cassation* francesa, por haber comercializado semillas no incluidas en dicho catálogo oficial. (*Cour de cassation, criminelle, Chambre criminelle, 8 janvier 2008, 07-80.534*).
Ante la alarma creada por dicha decisión, la Asamblea Nacional francesa aprobó una norma que permitía la venta de semillas no catalogadas, pero solo a jardineros aficionados, La LOI n° 2018-938 du 30 octobre 2018 *pour l'équilibre des relations commerciales dans le secteur agricole et alimentaire et une alimentation saine, durable et accessible à tous* (última actualización 16 novembre 2021). Pero dicha posibilidad fue limitada por el *Conseil d'État (Décision n° 2018-771 DC du 25 octobre 2018; NOR: CSCL1829418S; JORF n°0253 du 1 novembre 2018. Texte n° 2)*, que mantenía a las semillas fuera del catálogo oficial como prohibidas para la venta. LUCET, Élise. Cash Investigation - BENDALI, L. *Multinationales: le hold up sur nos fruits et légumes*, minutos: 1:20:55 a 1:22:44). Dicha corrección fue precedida por una campaña publicitaria del GNIS (de 1962 a 2021, ahora denominada SEMAE (*L'interprofession des semences et plants - l'interprofession de toutes les semences et de tous leurs usages)* (asociación que incluye *Limagrain, Monsanto-Bayer, Syngenta...*), en que alegaba que la prohibición de comercialización de variedades no inscritas en el catálogo se basaba en que las variedades no catalogadas podían no ser buenas para la salud (de las plantas y de los humanos). Sin embargo, en los reglamentos técnicos reguladores de los exámenes previos a la inscripción de las variedades en el catálogo no existe mención alguna a un examen sanitario (o fitosanitario). LUCET, Élise. Cash Investigation - BENDALI, L. *Multinationales: le hold up sur nos fruits et légumes*, minutos: 1:24:06 a 1:29:30).

37 Incluso criterios de calidad creados por cadenas o asociaciones de cadenas de distribución minorista extranjeras. MARTÍNEZ CAÑELLAS, Anselmo. "La repercusión de las reglas nacionales sobre el sector agroalimentario en las relaciones contractuales entre los operadores internacionales reguladas por

Agricultores que, para cumplir con estas exigencias, no tienen más remedio que elegir variedades vegetales comerciales que van a cultivar en consonancia con dichas exigencias, viéndose obligados a comprar las semillas certificadas de los obtentores (no sólo porque puedan ser mejores, sino por las restricciones legales de venta de los posibles competidores tradicionales), con precios más altos de las semillas y de los fitosanitarios (herbicidas y pesticidas) que necesitan los agricultores, y producidos por empresas del mismo grupo de los obtentores. Es más, estas limitaciones legales no son necesarias en muchos casos, ya que las restricciones mendelianas garantizan que las semillas que el agricultor cosecha y conserva para los años siguientes no serán necesariamente de la misma variedad, pues serán fruto de plantas híbridas.

El problema es que estas variedades vegetales suelen tener menor contenido de nutrientes. Por ejemplo, el gen de la larga duración de variedades de tomate duradero bloquea su maduración, y, por lo tanto, también el desarrollo de los nutrientes[38].

Algunos autores han relacionado las técnicas de hibridación actuales con la pérdida de nutrientes[39].

Diversos estudios han demostrado que el contenido nutricional de las nuevas variedades vegetales comestibles, y de sus frutos,[40] es notablemente inferior al de las variedades antiguas o tradicionales: más de un 30% de reducción de nutrientes relevantes[41].

---

la Convención de Viena y la eficacia de los estándares y códigos de conducta agroalimentarios internacionales" en GONZÁLEZ CASTILLA, F. (Dir.) Y RUIZ PERIS, J. I. (Dir.) *Estudios sobre el régimen jurídico de la cadena de distribución agroalimentaria.* Marcial Pons, Madrid, 2016, págs. 199-236.

38 BENDALI, Linda (Dir.) *Las semillas del beneficio.* (Video). Premièrs Lignes Télévision. 2019. https://www.documaniatv.com/social/las-semillas-del-beneficio-video_3915d1b9f.html, minutos 23:54 a 24:16.

39 BENDALI, Linda (Dir.) *Las semillas del beneficio,* minutos 17:49 a 18:10 y 22:25 a 22:50.

40 BENDALI, Linda (Dir.) *Las semillas del beneficio,* minutos 20:17 a 21:28. Parece que las variedades tradicionales contienen más nutrientes que las variedades híbridas, que son las que suelen protegerse como obtenciones vegetales.

41 INSTITUTE SCIENTIFIQUE D'HYGIÉNE ALIMENTAIRE. *Tables de composition des aliments.* (1960). Comparado con la base de datos Ciqual. https://ciqual.anses.fr/

La consecuencia es que el interés de los agricultores para producir productos vegetales de mayor contenido nutricional, o de un contenido nutricional específico, cede frente a otros factores, como la de producción de variedades de mayor tamaño, de mayor producción, o de mayor duración en las estanterías de los supermercados, o, simplemente, que le permitan ahorros, dado lo ajustado de los precios de venta del agricultor a los eslabones superiores de la cadena alimentaria.

Siendo uno de los problemas de la reducción de los nutrientes en los alimentos vegetales un problema contractual, una de las soluciones podría darse a través de las normas sobre cadena alimentaria, que se centran en aspectos contractuales.

Estos problemas pueden resolverse mediante normas jurídicas actualmente en vigor, como la legislación antimonopolio general, y la específica Directiva (UE) 2019/633 del Parlamento Europeo y del Consejo, de 17 de abril de 2019, sobre las prácticas comerciales desleales en las relaciones entre empresas en la cadena de suministro agrícola y alimentaria; o mediante la reducción o eliminación legal de las barreras de entrada, como la eliminación de la prohibición de la venta de semillas no cubiertas por el sistema de la UPOV, regulada en la Directiva 2009/145/CE de la Comisión, de 26 de noviembre de 2009, por la que se establecen determinadas excepciones, para la aceptación de variedades y razas autóctonas de plantas hortícolas que se hayan cultivado tradicionalmente en localidades y regiones determinadas y estén amenazadas por la erosión genética y de variedades de plantas hortícolas sin valor intrínseco para la producción de cultivos comerciales, pero desarrolladas para su cultivo en condiciones determinadas, y para la comercialización de semillas de dichas variedades y razas autóctonas (Texto pertinente a efectos del EEE); o bien, permitiendo la comercialización de semillas tradicionales obtenidas, como establece en Francia la *LOI nº 2018-938*, de 30 de octubre de 2018, para el equilibrio de las relaciones comerciales en el sector agrario y alimentario y una alimentación sana, duradera y accesible para todos (EGAlim)[42]; y la *LOI nº 2020-699*, de 10

---

42 *LOI n° 2018-938 du 30 octobre 2018 pour l'équilibre des relations commerciales dans le secteur agricole et alimentaire et une alimentation saine, durable et accessible à tous.* https://www.legifrance.gouv.fr/loda/id/JORFTEXT000037547946

de junio de 2020, relativa a la transparencia de la información sobre los productos agrícolas y alimentarios - venta a aficionados de semillas del dominio público no inscritas en el Catálogo)[43], lo que puede que sea reconocido en toda la Unión Europea, en caso de aprobarse la *Propuesta de Reglamento del Parlamento Europeo y del Consejo sobre la producción y comercialización de materiales de reproducción vegetal en la Unión*[44]; o bien, por medio de medidas incluidas en las leyes de cadena alimentaria, como la Ley 12/2013, de 2 de agosto, de medidas para mejorar el funcionamiento de la cadena alimentaria. Sin embargo, la Ley 12/2013, de 2 de agosto, de medidas para mejorar el funcionamiento de la cadena alimentaria, no parece que haya sido un instrumento eficiente para corregir esta deriva. La aplicación de dicha ley se ha centrado especialmente en el control del precio, dejando la mejora del contenido nutricional de los alimentos, como un elemento más encuadrado en la mejora calidad del producto[45], sin mayor especificación[46].

---

43 *LOI n° 2020-699 du 10 juin 2020 relative à la transparence de l'information sur les produits agricoles et alimentaires.* https://www.legifrance.gouv.fr/jorf/id/JORFTEXT000041982762/

44 "*La propuesta introduce normas menos estrictas para las variedades de conservación, el material heterogéneo, los materiales de reproducción vegetal vendidos a usuarios finales (como los jardineros aficionados), los materiales de reproducción vegetal comercializados a bancos de genes, organizaciones y redes, o entre ellos, y las semillas intercambiadas en especie entre agricultores. La propuesta establece además excepciones para la comercialización de i) materiales de reproducción vegetal destinados a obtentores para el desarrollo de nuevas variedades; ii) materiales de reproducción vegetal de variedades aún no registradas utilizadas para la multiplicación de dichos materiales o para ensayos; iii) materiales de reproducción vegetal en caso de dificultades temporales en el suministro; y iv) semillas aún no certificadas definitivamente. También establece excepciones para las medidas de emergencia y los experimentos temporales*". COMISIÓN EUROPEA. *Propuesta de REGLAMENTO DEL PARLAMENTO EUROPEO Y DEL CONSEJO sobre la producción y comercialización de materiales de reproducción vegetal en la Unión*... Pág. 14. https://eur-lex.europa.eu/resource.html?uri=cellar:02951036-1cac-11ee-806b-01aa75ed71a1.0024.02/DOC_1&format=PDF

45 El artículo 4 de la Ley 28/2015, de 30 de julio, para la defensa de la calidad alimentaria la define como: "*Conjunto de propiedades y características de un producto alimenticio o alimento relativas a las materias primas o ingredientes utilizados en su elaboración, a su naturaleza, composición, pureza, identificación, origen, y trazabilidad, así como a los procesos de elaboración, almacenamiento, envasado y comercialización utilizados y a la presentación del producto final, incluyendo su contenido efectivo y la información al consumidor final especialmente el etiquetado. Estas propiedades y características*

serán las recogidas en la normativa de calidad alimentaria de obligado cumplimiento dictada por las Administraciones competentes". En consecuencia, por calidad no solo debe entenderse el contenido nutricional del producto (que consta en el etiquetado, aunque no siempre, especialmente si hablamos de alimentos vegetales no elaborados), sino también elementos como la mayor durabilidad, el mejor aspecto, la mayor uniformidad de calibres, etc., que influyen en el almacenamiento, envasado, comercialización, etc.

La Ley 12/2013, de 2 de agosto, de medidas para mejorar el funcionamiento de la cadena alimentaria, sí hace diversas referencias a la "calidad", entre otras:

- en el párrafo penúltimo de su Exposición de Motivos, al afirmar que "es necesario actualizar el régimen de contratos-tipo en el ámbito agroalimentario, para dotar de una mayor estabilidad a los mercados, adaptando las producciones en cantidad y calidad a las demandas de los mercados exterior e interior y mejorando la transparencia y la competencia del mercado",
- el artículo 3 cuando incluye, entre los fines de la Ley 12/2013: "h) Contribuir a garantizar los derechos del consumidor en lo que respecta a la mejora de una información completa y eficaz sobre los alimentos y su calidad, a la transparencia en el funcionamiento de la cadena de suministro, así como a la disponibilidad de alimentos suficientes y de calidad" (...), y j) Favorecer la generalización de la cultura de la sostenibilidad en la cadena alimentaria como factor de compromiso social empresarial, de incremento de la competitividad y de contribución a la mejora de la calidad de la producción agroalimentaria.
- el artículo 14 bis c) que califica como práctica comercial desleal el que "*una de las partes del contrato alimentario modifique unilateralmente los términos del contrato de suministro de productos agrícolas y alimentarios, en lo que se refiere a la frecuencia, método, lugar, calendario o volumen del suministro o la entrega de los productos agrícolas y alimentarios, las normas de calidad, las condiciones de pago o los precios*".

Sobre la modificación unilateral de las normas de calidad, GONZÁLEZ CASTILLA, Francisco. "La represión de las prácticas comerciales desleales en la cadena agroalimentaria europea", en GONZÁLEZ CASTILLA, F. (Dir.) Y RUIZ PERIS, J. I. (Dir.) *Estudios sobre el régimen jurídico de la cadena de distribución agroalimentaria.* Marcial Pons, Madrid, 2016, págs. 183-198.

Sobre las prácticas desleales en el ámbito agrario, además de a las previsiones generales propias del ámbito comercial y publicitario, es necesario atender a las declaraciones nutricionales, el etiquetado de los productos, la calidad de los alimentos y la organización común de mercados de los productos agrarios. VÁZQUEZ RUANO, Trinidad. "Enfoques normativos sobre las prácticas desleales en la cadena agroalimentaria. Atención a las empresas de economía social prácticas desleales y empresas de economía social", en *CIRIEC-España, Revista Jurídica de Economía Social y Cooperativa,* Nº 39/2021, págs. 199-240 - DOI: 10.7203/CIRIEC-JUR.39.20903. pág. 217.

46 Más tarde, la Ley 16/2021, de 14 de diciembre, por la que se modifica la Ley 12/2013, de 2 de agosto, de medidas para mejorar el funcionamiento de la cadena alimentaria, menciona la palabra "nutricional" solo cuando hace refe-

Esta estructura de cadena alimentaria en la que no se incluye la información nutricional está generando, en la práctica, un empobrecimiento nutricional de los alimentos vegetales.

3.2 La reducción de nutrientes en los cultivos de las nuevas variedades

Un problema relevante es que las nuevas variedades han provocado una reducción de la diversidad de semillas y plantas y que las nuevas variedades desarrolladas bajo el sistema UPOV, aunque más productivas, han reducido su contenido de nutrientes en semillas, frutos y productos derivados[47].

Las causas de esta disminución de nutrientes pueden ser:

- que la producción a gran escala agote los nutrientes del suelo (lo que supone un gran negocio para los que venden pesticidas, y fertilizantes...). Se ha demostrado que la reducción del contenido nutricional está relacionada con el aumento de la producción y el rendimiento[48], generado por los cultivos de

---

rencia a las facultades de la Agencia Española de Seguridad Alimentaria y Nutrición, cuya norma creadora modifica en su *Disposición final primera. Modificación de la Ley 11/2001, de 5 de julio, por la que se crea la Agencia Española de Seguridad Alimentaria*, que será competente en materia de "seguridad de los alimentos destinados al consumo humano, incluyendo la nutrición y los aspectos de calidad con incidencia en la salud", y entre cuyas atribuciones incluye su legitimación para "*el ejercicio de la acción de cesación frente a conductas que lesionen los intereses colectivos o difusos de los consumidores y usuarios tanto en el ámbito de la seguridad de los alimentos dirigidos al consumo humano como en lo referido a las alegaciones nutricionales y saludables*".

47 INSTITUTE SCIENTIFIQUE D'HYGIÉNE ALIMENTAIRE. *Tables de composition des aliments.* (1960) Comparado con los datos de Ciqual. https://ciqual.anses.fr/
También en DAVIS, D. R., EPP, M. D. AND RIORDAN, H. D. "Changes in USDA food composition data for 43 garden crops, 1950 to 1999", en *Journal of the American College of Nutrition*, Dec 2004; 23(6), págs. 669-682. DOI: 10.1080/07315724.2004.10719409. pág. 669.

48 DAVIS, D. R., EPP, M. D. AND RIORDAN, H. D. "*Journal of the American College of Nutrition*, Dec 2004; 23(6), pág. 669.
DAVIS, D. R. "Declining Fruit and Vegetable Nutrient Composition: What Is the Evidence?", en *Hortscience*, Vol. 44 (1), February 2009, págs. 15-19. DOI: https://doi.org/10.21273/HORTSCI.44.1.15, pág. 15.

nuevas variedades, que agotan el suelo más que los cultivos de hace décadas[49].

- las nuevas técnicas de cultivo (agricultura hidropónica), y
- que las nuevas variedades son más resistentes, pero para conseguir esta resistencia sacrifican su contenido en nutrientes. En este aspecto, la genética de la semilla es clave de esta disminución nutricional de las frutas y hortalizas[50]. Por ejemplo, el gen de la larga duración de variedades de tomate duradero

---

49 MARLES, R. J. "Mineral nutrient composition of vegetables, fruits and grains: The context of reports of apparent historical declines", en *Journal of Food Composition and Analysis,* 56, 2017. págs. 93-103; pág. 93.
SCHEER, R., MOSS, D. "Dirt Poor: Have Fruits and Vegetables Become Less Nutritious?", en *Scientific American,* April 27th, 2011. https://www.scientificamerican.com/article/soil-depletion-and-nutrition-loss/
MAYER, A. M. "Historical changes in the mineral content of fruits and vegetables", en *British Food Journal,* 99/6, 1997, págs. 207-211; pág. 207.

50 No todos están de acuerdo con esta investigación. Según Jean Christophe Gouache, Vicepresidente de Negocios internacionales de *Limagrain.* las compañías productoras (multiplicadoras) de semillas afirman que la disminución de nutrientes en las frutas y verduras tienen más que ver con las condiciones en las que se cultiva que con la semilla en sí. BENDALI, Linda (Dir.) *Las semillas del beneficio,* minutos 17:49 a 18:10 y 22:45 a 25:28. En este sentido, la experiencia de la producción de tomates sin suelo puede manifestar que el problema no está en la semilla, sino en cómo se cultiva. La producción de tomate sin suelo aporta los nutrientes necesarios y produce más y en un tiempo más breve. El 90% de los tomates de Francia se cultivan sin suelo, por lo que no requieren herbicida, y en invernaderos sin acceso a insectos (para evitar el uso de insecticidas). No obstante, un estudio demostró que las variedades vegetales de cultivos hidropónicos tenían un menor contenido de nutrientes que las variedades tradicionales similares cultivadas naturalmente. (Si bien no señaló si el menor contenido nutricional se derivaba de la variedad vegetal o del tipo de cultivo hidropónico, o si se derivaba de ambas cosas). El motivo es que, para que el tomate adquiera nutrientes, es mejor que esté sometido a situaciones de estrés, como ocurre en la naturaleza. LUCET, Élise. *Cash Investigation* - BENDALI, L. *Multinationales: le hold up sur nos fruits et légumes,* minutos 12:13 a 24:26.
Ludovic Guinard, *Directeur Général Délégué* del *Centre Technique Interprofessionel des Fruits et Légumes /adj. INTERFEL,* afirma que la variedad elegida puede ser el motivo de la pérdida de valor nutricional. LUCET, Élise. Cash Investigation - BENDALI, L. *Multinationales: le hold up sur nos fruits et légumes,* minutos 24:26 a 29:00).

bloquea su maduración, y, por lo tanto, también el desarrollo de los nutrientes[51].

Algunos autores también han relacionado la hibridación con la pérdida de nutrientes.[52] Diversos estudios han demostrado que el contenido nutricional de las nuevas variedades vegetales comestibles, y de sus frutos,[53] es notablemente inferior al de las variedades antiguas o tradicionales: más de un 30% de reducción de nutrientes relevantes[54].

---

51 BENDALI, Linda (Dir.) *Las semillas del beneficio*, minutos 23:54 a 24:16.

52 BENDALI, Linda (Dir.) *Las semillas del beneficio*, minutos 17:49 a 18:10 y 22:25 a 22:50. Algunos investigadores afirman que la hibridación de los tomates es la causa de su pérdida de nutrientes. No todos están de acuerdo con esta investigación. Según Jean Christophe Gouache, Vicepresidente de Negocios internacionales de *Limagrain*. las compañías productoras (multiplicadoras) de semillas afirman que la disminución de nutrientes en las frutas y verduras tienen más que ver con las condiciones en las que se cultiva que con la semilla en sí. BENDALI, Linda (Dir.) *Las semillas del beneficio*, minutos 17:49 a 18:10 y 22:45 a 25:28. En este sentido, la experiencia de la producción de tomates sin suelo puede manifestar que el problema no está en la semilla, sino en cómo se cultiva. La producción de tomate sin suelo aporta los nutrientes necesarios y produce más y en un tiempo más breve. El 90% de los tomates de Francia se cultivan sin suelo, por lo que no requieren herbicida, y en invernaderos sin acceso a insectos (para evitar el uso de insecticidas). No obstante, un estudio demostró que las variedades vegetales de cultivos hidropónicos tenían un menor contenido de nutrientes que las variedades tradicionales similares cultivadas naturalmente. (Si bien no señaló si el menor contenido nutricional se derivaba de la variedad vegetal o del tipo de cultivo hidropónico, o si se derivaba de ambas cosas). El motivo es que, para que el tomate adquiera nutrientes, es mejor que esté sometido a situaciones de estrés, como ocurre en la naturaleza. LUCET, Élise. *Cash Investigation* - BENDALI, L. *Multinationales: le hold up sur nos fruits et légumes*, minutos 12:13 a 24:26.
Ludovic Guinard, *Directeur Général Délégué* del *Centre Technique Interprofessionel des Fruits et Légumes /adj. INTERFEL*, afirma que la variedad elegida puede ser el motivo de la pérdida de valor nutricional. LUCET, Élise. Cash Investigation - BENDALI, L. *Multinationales: le hold up sur nos fruits et légumes*, minutos 24:26 a 29:00).

53 BENDALI, Linda (Dir.) *Las semillas del beneficio*, minutos 20:17 a 21:28. Parece que las variedades tradicionales contienen más nutrientes que las variedades híbridas, que son las que suelen protegerse como obtenciones vegetales.

54 INSTITUTE SCIENTIFIQUE D'HYGIÉNE ALIMENTAIRE. *Tables de composition des aliments*. (1960). Comparado con la base de datos Ciqual. https://ciqual.anses.fr/

Como consecuencia, para conseguir el mismo nivel de valor nutricional la gente tiene que comer más cantidad, la producción para conseguir el mismo nivel de nutrientes totales tiene que ser mayor, el peso de las frutas y verduras comestibles a transportar es mayor, y el volumen de productos desperdiciados es mayor (aunque el tiempo de conservación también es mayor), por lo que la energía para producir, transportar y reciclar tiene que ser mayor, y/o se necesitan complementos nutricionales para mantener una dieta saludable[55].

Por otra parte, es cierto que, en ocasiones, puede ser menos perjudicial para el medio ambiente, es decir, más sostenible, una nueva variedad menos nutritiva, pero más duradera, para conseguir una exportación factible con barcos en vez de con aviones, y con una tasa menor de rechazos por deterioro[56].

Entonces, si las nuevas variedades tienen menos contenido nutricional, más coste de producción y transporte, y generan más residuos que las anteriores o las tradicionales, ¿por qué son más promocionadas y vendidas por los obtentores? Entendemos que ello es debido a tres razones:

- Los obtentores tienen derechos exclusivos sobre las nuevas variedades, un monopolio concedido por la UPOV y, en su caso, los sistemas jurídicos de patentes, en vigor en todos los países que son parte de la Organización Mundial del Comercio, en virtud del artículo 27.3 b) del Acuerdo sobre los Aspectos de

---

55 JACK, A. "America's Vanishing Nutrients: Decline in Fruit and Vegetable Quality Poses Serious Health and Environmental Risks", (2005) págs. 1-17; pág. 1.
SUBAR, A. F., KREBS-SMITH, S. M., COOK, A., KAHLE, L. L. "Dietary sources of nutrients among US adults, 1989 to 1991", en *Journal American Diet Assoc.* 1998, May (5), págs. 537-47. DOI: 10.1016/S0002-8223(98)00122-9. http://www.ncbi.nlm.nih.gov/pubmed/9597026, pág. 537.
USDA AGRICULTURAL RESEARCH SERVICE. "Composition of Foods (Raw, Processed, Prepared)", en *Agriculture Handbook* No. 8. 1963. http://www.ncbi.nlm.nih.gov/pubmed/7616313, pág. 1.
HAYTOWITZ, D. B. "Information from USDA's Nutrient Data Bank", en *Journal of Nutrition,* 1995 Jul; 125 (7) págs. 1952-1955. DOI: 10.1093/jn/125.7.1952. PMID: 7616313, pág. 1952.

56 BENDALI, Linda (Dir.) *Las semillas del beneficio,* minutos 9:41 a 10:25.

los Derechos de Propiedad Intelectual relacionados con el Comercio[57].

- Los minoristas (y sus proveedores, los agricultores) prefieren nuevas variedades más fáciles de envasar y transportar (*v. gr.* porque tengan todos los frutos del mismo tamaño)[58], de vender (*v. gr.* con un color brillante, de buen aspecto), y más duraderas (para estar más tiempo en los estantes), sin tener en cuenta el contenido nutricional[59].
- Los consumidores, que no pueden conocer el valor nutritivo de los productos de las nuevas variedades, seleccionan los productos guiándose por su precio y su aspecto exterior. Para la industria, y para los productores, el contenido nutricional no se tiene en cuenta. Ni siquiera se mide. El sabor es el único elemento que puede orientar a los consumidores sobre el valor nutritivo del producto[60], pero apenas pueden comparar, ya que las variedades tradicionales rara vez están en los estantes[61].

---

57 Artículo 27.3 b) del Acuerdo de la OMC sobre los Aspectos de los Derechos de Propiedad Intelectual relacionados con el Comercio (Acuerdo sobre los ADPIC-TRIPS): "*los Miembros otorgarán protección a todas las obtenciones vegetales mediante patentes, mediante un sistema eficaz sui generis o mediante una combinación de aquéllas y éste*".
La investigación en las Universidades suele estar financiada por las grandes multinacionales del sector (*Basf, Bayer Monsanto, Limagrain, Syngenta, Du Pont*), con contratos con cláusulas de confidencialidad para proteger sus secretos comerciales e industriales.

58 BENDALI, Linda (Dir.) *Las semillas del beneficio*, minutos 8:00 a 8:36. O, por ejemplo, porque los tomates de la nueva variedad se arracimen en horizontal.

59 BENDALI, Linda (Dir.) *Las semillas del beneficio*, minutos 7:30 a 7:53. La investigación financiada por las multinacionales en materia de variedades vegetales se orienta principalmente a su comercialización.

60 Por lo general, los frutos de semillas tradicionales tienen más sabor que los híbridos de obtenciones vegetales. BENDALI, Linda (Dir.) *Las semillas del beneficio*, minutos 21:33 a 22:24. Gran parte de los componentes del sabor de los tomates se derivan de sus componentes nutricionales esenciales, y son importantes indicativos de su contenido de nutrientes y lo saludable de dichos alimentos. GOFF, Stephen A., KLEE, Harry J. "Plant volatile compounds: sensory cues for health and nutritional value?", en *Science, 311* (5762), 2006, págs. 815-819. DOI: 10.1126/science.1112614, pág. 815.

61 Para los consumidores, es difícil acceder a las variedades tradicionales ya que los minoristas venden, sobre todo, las nuevas variedades, estandarizando la producción mundial: dos tercios de la producción mundial de semillas está controlada

3.3 Posibles soluciones para el evitar la reducción del contenido nutricional de las nuevas variedades vegetales y sus frutos

Existen diferentes tipos de soluciones para abordar estos problemas de disminución del contenido nutricional, para aumentar la producción y la venta de productos agrícolas más sanos:

Soluciones técnicas pueden ser la utilización de nuevas técnicas agrícolas[62] (o, en algunos casos, volver a las tradicionales), que permitan la recuperación de los nutrientes del suelo; o la obtención de nuevas variedades de semillas creadas genéticamente para conseguir la mejora de los nutrientes del suelo, o de los valores nutricionales de las semillas, frutos o productos finales, no sólo para aumentar la producción, durabilidad, o aspecto externo del producto final.

Soluciones de comercialización pueden consistir, en el mercado minorista, la inclusión del contenido nutricional en el etiquetado de manera voluntaria, de forma similar a *Nutriscore*.

También podría incluirse el contenido nutricional en el resto de la cadena (del agricultor al minorista), incluyendo su contenido nutricional en la descripción de la variedad realizada en los catálogos de comercialización de semillas, o en los contratos de integración, o de distribución.

---

por cuatro multinacionales (Bayer - Monsanto, Limagrain, Syngenta, Dow - Du Pont). BENDALI, Linda (Dir.) *Las semillas del beneficio*, minutos 42:46 a 43:32. Según Olivier Roellinger, *chef cuisinier* y *vice-président de l'association internationale des Relais & Châteaux*, encontrar semillas tradicionales (*paysanne*) (es decir, cuya propiedad intelectual no sea titularidad de las multinacionales) es difícil. Un motivo es que el catálogo oficial de las variedades vegetales ha dificultado el registro de variedades tradicionales (afirma que el catálogo oficial se ha "cerrado con llave" (*a verrouillé*) a los agricultores, e incluso a los consumidores, la posibilidad de acceder a las variedades tradicionales, pues las semillas que no están en el catálogo de variedades comerciales no pueden ser comercializadas. Entre los criterios para acceder al catálogo oficial de variedades comerciales encontramos que la planta sea homogénea y estable. Homogeneidad significa que todas las semillas se siembren en la misma fecha, y que den productos idénticos, perfectamente calibrados. La homogeneidad impide, en la práctica, la inscripción de las semillas tradicionales en el catálogo. LUCET, É., 2019, minutos: 1:14:05 a 1:18:55.

62 Como el reverdecimiento (*greening*) de los ecorregímenes a los que se condicionan las nuevas ayudas de la PAC 2023-2027.

La inclusión del contenido nutricional en las etiquetas y/o en los catálogos de comercialización puede lograrse mediante la creación de etiquetas privadas o públicas, mediante normas de *soft law* o *hard law*, como normas legales de la cadena alimentaria o de protección del consumidor, como en un Reglamento o Directiva de la Unión Europea, o a nivel nacional.

Otra solución de comercialización es la de dotar a la variedad de fruta u hortaliza de una Indicación Geográfica Protegida o una Denominación de Origen Protegida, lo que resulta especialmente apropiado en las variedades tradicionales que, por esta vía, pueden verse dotadas de una especial protección, que, además, les aporta un gran valor añadido en el mercado. Los pliegos de condiciones de dichas IGP y DOP, deben incluir una justificación histórica de la protección, de ahí la adecuación para la protección de las variedades tradicionales, y, además, pueden incluir referencias a su contenido nutricional.

Otra forma indirecta de inclusión del contenido nutricional en los catálogos de comercialización de semillas puede lograrse incluyendo su contenido nutricional en la descripción de la variedad realizada en el Registro de variedades comerciales, como un elemento de prueba de su utilidad comercial.

Finalmente, otra vía podría consistir en introducir la información nutricional como elemento descriptivo de la variedad que sea una obtención vegetal dentro del sistema UPOV. Y ello porque los productores (cultivadores, agricultores) seleccionan las semillas siguiendo las instrucciones del minorista, o libremente, considerando la posibilidad de venta de las semillas o sus frutos en el mercado[63]. En caso de que la elección sea de ellos, es decisiva la información previa que obtengan. Y una de las fuentes de información más relevantes es la de las descripciones de las semillas contenidas en los catálogos o

---

63 Las multinacionales de semillas no están interesadas en la producción de plantas que mantengan el nivel nutricional anterior, pues no lo demanda el mercado. De hecho, no existieron análisis sobre el valor nutricional de las semillas y los productos de sus plantas hasta los años 1990. Con todo, en 2018 el Dr. Haim D. Rabinowitz (Universidad hebrea de Jerusalem) afirmaba que las multinacionales seguían sin interesarse por la cuestión, habiendo rechazado propuestas que en este sentido les realizó. BENDALI, Linda (Dir.) *Las semillas del beneficio*, minutos 13:08 a 14:02.

folletos de comercialización de semillas[64]. Dichos catálogos o folletos se nutren de las informaciones elaboradas por las multinacionales productoras de semillas (*Syngenta, Vilmorin…*), que describen la planta centrándose, hoy en día, en características de productividad, durabilidad, y aspecto externo, pero no en su contenido nutricional[65]. Esta descripción se basa en la descripción UPOV y en el nombre de la variedad, que en ningún caso incluyen la información nutricional de las obtenciones vegetales, porque las características nutricionales no se examinan en el examen DHE (Distinción-Homogeneidad-Estabilidad), que están enfocados a incluir caracteres fenotípicos morfológicos como colores, formas, tamaños, durabilidad de los frutos[66], o su peso[67], de clara utilidad comercial. Incluir la información nutricional

---

64 Por ejemplo, https://www.fitoagricola.net/tienda-online/Catalog/listing/semillas-de-tomates-42298/1)

65 Los folletos, que comercializan las semillas, elaborados por *Syngenta, Vilmorin* y otros productores de semillas, "*para seducir a los agricultores hablan de calibres, formas, colores y, sobre todo, productividad*". También suelen incluir las letras (HF1 en Francia, F1 en España) que indican que son híbridos de primera generación. Los híbridos se consiguen con un gran número de cruces y es crucial que sean de primera generación, pues las siguientes generaciones no garantizan la estabilidad de la variedad, reduciéndose sus características. De hecho, el que sean híbridos de primera generación supone que las semillas sean de un único uso, pues en su segundo uso, las características de la planta es muy probable que sea diferente, es por ello que los agricultores se ven forzados a comprar las semillas híbridas de primera generación cada cosecha (lo que les permite a las multinacionales productoras de semillas venderlas a precios altos, al tener una gran demanda garantizada). BENDALI, Linda (Dir.) *Las semillas del beneficio,* minutos 25:30 a 27:22.

66 Caracteres de durabilidad se han incluido en las directrices de exámenes de DHE del tomate (carácter 42. "*Shelf Life*" o "*vida en anaquel*", (UPOV. *Guidelines for the Conduct of Tests for Distinctness, Uniformity and Stability. Tomato.* UPOV Code: SOLAN_LYC *Solanum lycopersicum* L. TG/44/11 Rev. 3. ORIGINAL: English. DATE: 2011-10-20 + 2013-03-20 + 2018-10-30 + 2019-10-29, pág. 21 y 40), y el melón (carácter 68, sobre "*conservación post cosecha del fruto*") (UPOV. *Guidelines for the Conduct of Tests for Distinctness, Uniformity and Stability. Melon.* UPOV Code: CUCUM_MEL *Cucumis melo* L. TG/104/5 Rev. 2 ORIGINAL: English. DATE: 2006-04-05 + 2014-04-09, págs. 26 y 38).

67 Es el caso del arroz (carácter con asterisco 38, UPOV. *Guidelines for the Conduct of Tests for Distinctness, Uniformity and Stability. Rice.* UPOV Code(s): ORYZA_SAT *Oryza sativa* L. TG/16/9 ORIGINAL: English DATE: 2020-12-17, págs. 18 y 25), la quinoa (carácter 20. UPOV. *Guidelines for the Conduct of Tests for Distinctness, Uniformity and Stability. Quinoa.* UPOV Code(s): CHENO_QUI. *Chenopodium qui-*

(como carácter DHE), en la descripción de la variedad vegetal y su examen DHE constituiría una solución eficaz para que los valores nutricionales de la variedad fuera un elemento descriptivo más que se incluyera en los catálogos o folletos de comercialización de las semillas de todos los países miembros de la UPOV.

---

noa Willd. TG/328/1 ORIGINAL: English DATE: 2018-10-30, pág. 11), el sorgo (carácter 30. UPOV. *Guidelines for the Conduct of Tests for Distinctness, Uniformity and Stability. Sorghum.* UPOV Code: SRGHM_BIC; SRGHM_DRU. Sorghum bicolor (L.) Moench; Sorghum ×drummondii (Steud.) Millsp. & Chase. TG/122/4 ORIGINAL: English. DATE: 2015-03-25, pág. 14), el mijo común (carácter con asterisco 28. UPOV. *Guidelines for the Conduct of Tests for Distinctness, Uniformity and Stability. Common millet.* UPOV Code: PANIC_MIL *Panicum miliaceum* L. TG/248/1 ORIGINAL: English DATE: 2007-03-28, pág. 15), el café (carácter 23. UPOV. *Guidelines for the Conduct of Tests for Distinctness, Uniformity and Stability. Coffee.* UPOV Codes: COFFE_ARA; COFFE_CAN; COFFE_ACA. Coffea arabica L.; C. canephora Pierre ex A. Froehner; C. arabica × C. canephora hybrids. TG/249/1 ORIGINAL: English. DATE: 2008-04-09, págs. 12 y 17), o la judía adzuki (carácter con asterisco 18. UPOV. *Guidelines for the Conduct of Tests for Distinctness, Uniformity and Stability. Adzuki Bean.* UPOV Code: VIGNA_ANG. Vigna angularis (Willd.) Ohwi & H. Ohashi. TG/312/1 ORIGINAL: English DATE: 2015-03-25, págs. 10 y 13).

4. LA INFORMACIÓN NUTRICIONAL DE PRODUCTOS VEGETALES CONTENIDA EN LAS INDICACIONES GEOGRÁFICAS PROTEGIDAS

Como acabamos de mencionar, una solución para la introducción de información nutricional en el sistema de comercialización de frutas y hortalizas tradicionales consiste en dotarlas de la protección propia de las Denominaciones de Origen Protegidas o de las Indicaciones Geográficas Protegidas. Ya hemos señalado que es instrumento que aporta un especial valor añadido en la comercialización de dichas variedades y que es especialmente adecuado para las variedades tradicionales. La referencia a su contenido nutricional no estará, en estos casos, incluida en su etiquetado, sino que esta información estará contenida en el pliego de condiciones de la respectiva IGP o DOP.

La ventaja de este tipo de protección consistirá en que tiene alcance mundial, gracias al tratado internacional "Acuerdo sobre los Aspectos de los Derechos de Propiedad Intelectual relacionados con el Comercio" (ADPIC-TRIPS), Anexo 1C del Convenio por el que se crea la OMC, firmado en 1994, que dedica su Sección 3 de la Parte II (artículos 22, 23 y 24) a las "Indicaciones geográficas" y por el Convenio de París para la Protección de la Propiedad Industrial, de 1883 (enmendado el 28 de septiembre de 1979).

Otra ventaja es que dicha protección suele estar controlada de mera eficaz por un Consejo Regulador, dotado de capacidad sancionadora, sujeto, en su actividad, al control de una autoridad competente[68].

Las Indicaciones Geográficas Protegidas (IGP), y Denominaciones de Origen Protegidas (DOP), se regulan en el Reglamento (UE)

---

68 Sobre las estructuras de control de las DOP y las IGP, y sobre estas cuestiones en general: MONTERO GARCÍA-NOBLEJAS, Pilar. *Denominaciones de origen e indicaciones geográficas*. Editorial Tirant lo Blanch. Valencia. 2016. Pág. 233 y siguientes.

n ° 1151/2012, del Parlamento Europeo y del Consejo, de 21 de noviembre de 2012, sobre los regímenes de calidad de los productos agrícolas y alimenticios, en la Ley 6/2015, de 12 de mayo, de Denominaciones de Origen e Indicaciones Geográficas Protegidas de ámbito territorial supraautonómico, y en las correspondientes normas autonómicas, en el caso de IGP o DOP de ámbito autonómico o menor. Dicha normativa las define como signos distintivos que pretenden ayudar a los productores de productos vinculados a una zona geográfica:

"a) asegurándoles una remuneración justa por las cualidades de sus productos;

b) garantizando a los nombres de esos productos, como derechos de propiedad intelectual, una protección uniforme en todo el territorio de la Unión;

c) proporcionando a los consumidores información clara sobre las propiedades que confieran valor añadido a dichos productos" (artículo 4 del Reglamento (UE) n° 1151/2012).

Con ello se pretende "*ayudar a los productores de productos agrícolas y alimenticios para que informen a los compradores y consumidores de las características y las cualidades de producción de dichos productos, garantizando así:*

a) una competencia leal para los agricultores y productores de productos agrícolas y de alimentos que presenten características y atributos con valor añadido;

b) la accesibilidad de los consumidores a información fiable relativa a tales productos;

c) el respeto de los derechos de propiedad intelectual, y

d) la integridad del mercado interior.

Las medidas establecidas en el presente Reglamento pretenden respaldar las actividades agrarias y de transformación y los métodos de producción asociados a los productos de alta calidad, contribuyendo así a la realización de los objetivos de la política de desarrollo rural" (artículo 1.1 del Reglamento (UE) n ° 1151/2012).

Además, el Reglamento (UE) n ° 1151/2012 "establece unos "regímenes de calidad" como base para la identificación y, en su caso, protección de nombres y términos que, en particular, indiquen o describan productos agrícolas con:

a) características que confieran valor añadido, o

b) atributos que aporten valor añadido resultantes de los métodos de producción o transformación utilizados para su producción, o del lugar de su producción o comercialización, o de su posible contribución al desarrollo sostenible".

Como se observa de la normativa, las IGP y DOP se asocian a productos agrícolas de alta calidad vinculados a una determinada zona geográfica. Alta calidad cuya consecución requiere el cumplimiento de una serie de fases regladas en el respectivo pliego de condiciones de la IGP, en la zona geográfica descrita en el mismo.

Dichos pliegos de condiciones deben incluir la denominación, definición de la zona geográfica, los elementos que prueben que el producto es originario de dicha zona, una descripción del método de obtención del producto y, en su caso, de su envasado, respecto del tema que nos ocupa, "*una descripción del producto, incluidas, en su caso, las materias primas utilizadas en él, así como sus principales características físicas, químicas, microbiológicas u organolépticas*" (artículo 7 del Reglamento (UE) n° 1151/2012). Y es en esta descripción donde las IGP y DOP pueden incluir contenidos nutricionales.

Es cierto que, en casi todos los casos, las descripciones se basan en sus características físicas y morfológicas (calibres, colores) y cualidades organolépticas[69], alguna vez, con la referencia a las variedades cultivares que constan en el Registro de Variedades Comerciales[70], o siguiendo los esquemas descriptivos de la UPOV[71], e incluso alguna

---

69 Estos descriptores morfológicos y organolépticos se incluyen en todas las 67 IGP y DOP sobre frutas, hortalizas y cereales frescos o transformados (según la clasificación de tipo de producto agroalimentario no vínico es la del anexo XI del Reglamento (UE) 668/2014), que constan en la página web del Ministerio de Agricultura, Pesca y Alimentación. *BUSCADOR DE DOP/IGP ESPAÑOLAS*. https://www.mapa.gob.es/es/alimentacion/temas/calidad-diferenciada/dop-igp/Default.aspx

70 PLIEGO DE CONDICIONES DE LA INDICACIÓN GEOGRÁFICA PROTEGIDA "ALCACHOFA DE TUDELA", REGLAMENTO DE EJECUCIÓN (UE) 2023/1589 DE LA COMISIÓN de 27 de julio de 2023, entrada en vigor el 24 de agosto de 2023.

71 PLIEGO DE CONDICIONES de la DENOMINACIÓN DE ORIGEN PROTEGIDA "CEREZA DEL JERTE", pág 2. https://www.mapa.gob.es/images/es/cereza_del_jerte2015_03_06_tcm30-210042.pdf

las describe genéticamente[72]. Pero en la mayor parte de los casos, se incluyen en la descripción referencias a algún contenido nutricional, a veces con referencias no numéricas, genéricas[73], o más concretas[74], y otras veces referencias numéricas concretas[75], o indicando el umbral máximo[76], o mínimo[77], o la ausencia de algún elemento nutricio-

---

Sigue el documento UPOV, Guidelines for the conduct of test for distinctness, homegeneity and stability of the cherry UPOV, TG/35/3

72 PLIEGO DE CONDICIONES DE LA DENOMINACIÓN ESPECIFICA "ESPÁRRAGO DE HUÉTOR-TÁJAR", pág. 2 y 3. https://www.mapa.gob.es/images/es/esparrago_huetor_2000_03_15_tcm30-210581.pdf, incluye descripciones a nivel citológico y a nivel isoenzimático.

73 En la DOP Nueces del Nerpio se menciona que contiene antioxidantes, taninos, y mide su actividad antioxidante "superior a las nueces del mercado" (ASOCIACIÓN PARA LA PROMOCIÓN DE LA NUEZ DE NERPIO. *Pliego de condiciones de la Denominación de Origen Protegida "Nueces del Nerpio"*, Pág, https://www.mapa.gob.es/es/alimentacion/temas/calidad-diferenciada/dop-igp/htm/DOP_Nueces_de_Nerpio_SolicitudRegistro%20.aspx
En otras IGP y DOP de algunos frutos, se habla de contenidos altos de azúcar:

74 La IGP "Ajo Morado de Las Pedroñeras" *describe el producto como con "mayor contenido en organosulfurados, compuestos de bajo peso molecular, muy volátiles y de gran reactividad, ricos en azufre, yodo y sílice, con una interesante actividad farmacológica, y, en especial, de alicina, principal responsable del olor y sabor del ajo*". ASOCIACIÓN IGP "AJO MORADO DE LAS PEDROÑERAS" *Pliego de condiciones "IGP ajo morado de las pedroñeras"*, pág. 1. https://www.mapa.gob.es/images/es/ajo_morad_pedroneras_2008_07_17_tcm30-211365.pdf Registro en la Organización Mundial de la Propiedad Intelectual (OMPI). https://www.mapa.gob.es/images/es/clm_ajomoradodelaspedroneras_certificateofregistration-gi-1204_tcm30-648010.pdf

75 Es el caso de los porcentajes de amilosa, que se detallan en las IGP y DOP de arroces:
- PLIEGO DE CONDICIONES DE LA DENOMINACIÓN DE ORIGEN "CALASPARRA", Pág. 1.
- PLIEGO DE CONDICIONES DE LA DOP ARROZ DE VALENCIA/ARRÒS DE VALÈNCIA, Pág. 1.
- PLIEGO DE CONDICIONES DE LA DOP ARROZ Del delta del Ebro/ARRÒS Del Delta de l'Ebre.

76 Consejo Regulador de la IGP "Pimiento de Fresno-Benavente". PLIEGO DE CONDICIONES DE LA IGP «PIMIENTO DE FRESNO-BENAVENTE». https://www.mapa.gob.es/images/es/pimiento_fresno-benavente_2012_10_08_tcm30-209958.pdf

77 Es el caso de la determinación de unos índices mínimos de madurez, medidos por Relación mínima azúcar/ácido tal y como se define en el Reglamento (CE) 543/2011 de la Comisión, de 7 de junio de 2011, por el que se establecen disposiciones de aplicación del Reglamento (CE)nº 1234/2007 del Consejo en los sectores de las frutas y hortalizas y de las frutas y hortalizas transformadas.

nal[78], o indicando varios umbrales, máximos y mínimos, de diversos elementos nutricionales que deben tener los productos vegetales amparados bajo dicha IGP[79].

Consejo Regulador de la IGP "Cítricos Valencianos". PLIEGO DE CONDICIONES DE LA I.G.P. CÍTRICOS VALENCIANOS. Pág. 2. https://www.mapa.gob.es/images/es/citricos_valencianos_2013_12_09_tcm30-211386.pdf
O de los contenidos de azúcares de los productos frutales, que, en casi todos los pliegos, se miden en grados Brix y reflejan unos umbrales mínimos contenidos de azúcar, en general, altos. Por poner algún ejemplo:
PLIEGO DE CONDICIONES DE LA DENOMINACIÓN DE ORIGEN PROTEGIDA "GRANADA MOLLAR DE ELCHE"/"GRANADA DE ELCHE". Pág. 1.
PLIEGO DE CONDICIONES DE LA IGP CEREZAS DE LA MONTAÑA DE ALICANTE
Consejo Regulador de la DOP "Manzana Reineta del Bierzo" PLIEGO DE CONDICIONES DE LA DOP «MANZANA REINETA DEL BIERZO». https://www.mapa.gob.es/images/es/manzana_reineta_del_bierzo_2001_12_29_tcm30-211403.pdf
Consejo Regulador de la DOP "Melocotón de Calanda". PLIEGO DE CONDICIONES DE LA DENOMINACIÓN DE ORIGEN PROTEGIDA «MELOCOTÓN DE CALANDA», https://www.mapa.gob.es/images/es/melocotondecalanda_2021_08_03_tcm30-211316.pdf
PLIEGO DE CONDICIONES DE LA DENOMINACIÓN DE ORIGEN "Melón de Torre_Pacheco-Murcia". https://www.mapa.gob.es/images/es/melon_torre_pacheco_2015_09_23_tcm30-210266.pdf
PLIEGO DE CONDICIONES DE LA DENOMINACIÓN DE ORIGEN "NÍSPEROS CALLOSA D´EN SARRIÁ". ORDEN 14/2014, de 20 de junio, de la Conselleria de Presidencia y de Agricultura, Pesca, Alimentación y Agua, por la que se aprueba el Reglamento de la Denominación de Origen Protegida Nísperos Callosa d'En Sarrià y su Consejo Regulador. [2014/6756] https://dogv.gva.es/datos/2014/07/17/pdf/2014_6756.pdf
PLIEGO DE CONDICIONES DE LA DENOMINACIÓN DE ORIGEN "CHIRIMOYA DE LA COSTA TROPICAL DE GRANADA-MÁLAGA"
Consejo Regulador de la DOP Pera de Lleida. Pliego de Condiciones. Denominación de Origen Protegida "Pera de Lleida". https://www.mapa.gob.es/images/es/pera_lleida_2011_03_11_tcm30-211634.pdf
PLIEGO DE CONDICIONES DE LA DENOMINACIÓN DE ORIGEN "Cebolla de La Mancha". https://pagina.jccm.es/agricul/paginas/comercial-industrial/consejos_new/pliegos/PLIEGO_CONDICIONES_IGP_CEBOLLA_20220321.pdf

78 PLIEGO DE CONDICIONES DE LA INDICACIÓN GEOGRÁFICA PROTEGIDA "PIMIENTO RIOJANO", en el que se indica la necesaria ausencia de capsicina.

79 La DOP Oliva de Mallorca, describe el producto en su Pliego de Condiciones (publicado como Orden del Consejero de Agricultura, Medio Ambiente y Terri-

Aunque lo que nos resulta más interesante, es que en cinco IGP se incluye una información nutricional completa[80], lo que nos indica que, en el ámbito de las IGP y DOP, sus reguladores sí tienen un interés (¿creciente?) en incoporar los datos nutricionales que, en otros productos no vegetales, se exigen como obligatorios en el etiquetado. Ello es lógico, pues el consumidor de productos de IGP y DOP está dispuesto a pagar más por un producto de más calidad, desde el momento en que es, nutricionalmente, más culto.

---

torio, de 7 de agosto de 2013. *Boletín Oficial de las Islas Baleares*. Núm. 113, de 13 de agosto de 2013) y señala que, entre otras características debe tener:
"- Ácidos grasos insaturados: > 83% de ácidos grasos totales.
- Ácido oleico + ácido linoleico: > 78% de ácidos grasos totales.
- Polifenoles totales: > 245 mg de ácido gálico/100 g".
El PLIEGO DE CONDICIONES DE LA INDICACIÓN GEOGRÁFICA PROTEGIDA "TOMATE LA CAÑADA" indica el contenido de licopeno aceptable, a partir de 15 miligramos por 100 gramos, el contenido en vitamina E (-Tocoferol), a partir de α 0.30 mg/100 g de peso fresco. Incluye, además, el método de análisis del Licopeno y tocoferoles: por medio de un equipo de cromatografía líquida de alta resolución
PLIEGO DE CONDICIONES MODIFICADO DE LA INDICACIÓN GEOGRÁFICA PROTEGIDA "PLÁTANO DE CANARIAS". Indica un umbral máximo de almidón, y uno mínimo de azúcares (mínimo) https://www.mapa.gob.es/images/es/platano_canarias_2022_08_16_tcm30-211392.pdf
(HPLC) (método que ha sido aceptado por la UPOV para los descriptores DHE de Obtenciones vegetales) y el uso de patrones adecuados. Además señala umbrales de Luminosidad (L), a partir de 30, y Coloración, según escala de la carta de colores entre 2 y 11. Método de Parámetros de color: por medio de un espectrofotómetro de alta resolución.

80 PLIEGO DE CONDICIONES de la DENOMINACIÓN ESPECÍFICA FABA ASTURIANA". Pág. 2. https://www.asturias.es/documents/217090/555882/Faba+Asturiana.pdf/1edd93b2-eb63-1a47-f603-2eb69fbdf788?t=1606825767618
PLIEGO DE CONDICIONES DE LA DENOMINACIÓN DE ORIGEN PROTEGIDA MONGETA DEL GANXET. Diciembre de 2010. Pág. 3. https://www.mapa.gob.es/images/es/mongeta_ganxet_2010_12_01_tcm30-210978.pdf
PLIEGO DE CONDICIONES DE LA INDICACIÓN GEOGRÁFICA PROTEGIDA (I.G.P.) "PEMENTO DA ARNOIA". Pág. 3. https://www.mapa.gob.es/images/es/pemento_da_arnoia_2009_05_01_tcm30-209853.pdf
Consejo Regulador de la Denominación de Origen Protegida "Pemento de Herbón". Pliego de condiciones de la DENOMINACIÓN DE ORIGEN PROTEGIDA (D.O.P.) "PEMENTO DE HERBÓN". Pág. 4. https://www.mapa.gob.es/images/es/pemento_de_herbon_2009_07_01_tcm30-210588.pdf

5. INFORMACIÓN NUTRICIONAL EN LOS REGISTROS DE VARIEDADES COMERCIALES

La mayor parte de productos alimentarios agrícolas no envasados, no están bajo la protección de una Indicación Geográfica Protegida, por lo no será cognoscible su contenido nutricional por esa vía.

Tal falta de información podría solventarse con la exigencia de un etiquetado que concretara la información nutricional tanto en los alimentos vegetales envasados como en los no envasados, lo cual es una decisión nacional, no de la UE.

En tanto eso no ocurra, existen otras vías indirectas de conseguir dicha información. Vías indirectas en el sentido de que no las conocerá directamente el consumidor, sino que podrán ser conocidas por los demás eslabones de la cadena alimentaria: La incorporación de informaciones nutricionales a los Registros de Variedades Comerciales y de variedades u Obtenciones Vegetales.

Dichos registros son fuente de información sobre las características de cada variedad vegetal de la que se nutren los vendedores de semillas y esquejes. Información que estos incluyen en sus catálogos y que será la que conocerán los agricultores para la toma de decisión sobre qué variedad cultivar, en el caso de que tengan la libertad de poderla elegir.

Información que también puede ser conocida, por los intermediarios, transformadores, transportistas y distribuidores mayoristas y minoristas, hasta llegar al consumidor, y que podrían inclinar a estos a imponer a los agricultores una determinada variedad cultivar.

En este sentido, esta información puede ser relevante para que los distribuidores tengan conocimiento de que ciertas variedades mejoren ciertas cualidades nutricionales del alimento vegetal, confíen en que dichas mejoras serán bien acogidas por los consumidores, y, consecuentemente, impongan contractualmente al agricultor el cultivo de las variedades vegetales nutricionalmente mejores, que den lugar a alimentos más nutritivos.

El Registro de Variedades Comerciales y el Registro de Variedades Vegetales o de Obtenciones Vegetales tienen funciones diferentes[81].

El Registro de Variedades Vegetales o Registro de Obtenciones Vegetales tiene por finalidad inscribir variedades vegetales nuevas para conceder a su obtentor la titularidad de un derecho de explotación casi exclusiva sobre la misma[82], durante un determinado periodo de tiempo. La protección requiere el registro de la variedad, pero no se trata de un registro obligatorio, pues el obtentor de la variedad puede optar por mantener la variedad como secreto comercial, o que ésta pase a dominio público. Para el registro de la obtención vegetal es necesario que la misma tenga una denominación, que sea nueva con ciertos caracteres que la describan y la hagan distinta (D) de las demás de su género, que dichos caracteres sean homogéneos (H), y que sean estables (E). Para ello, cada nueva variedad debe pasar un examen DHE, tras el que se concede dicho derecho de explotación *quasi* exclusiva.

En cambio, el Registro de Variedades Comerciales tiene como finalidad inscribir las variedades vegetales que van a ser objeto de comercialización. Es un registro obligatorio para toda variedad que tenga que comercializarse. Dichas variedades pueden ser nuevas (las obtenciones vegetales que acabamos de describir y que pueden, ade-

---

81 En este trabajo, utilizamos el concepto de "variedad vegetal" como género, en el que el término "obtención vegetal" se refiere a la variedad vegetal que ha sido inscrita en el Registro de Variedades Vegetales protegidas o Registro de Obtenciones vegetales.

82 Artículo 15 del Convenio de la UPOV, de 1991.
"Excepciones al derecho de obtentor 1) [Excepciones obligatorias] El derecho de obtentor no se extenderá i) a los actos realizados en un marco privado con fines no comerciales, ii) a los actos realizados a título experimental, y iii) a los actos realizados a los fines de la creación de nuevas variedades, así como, a menos que las disposiciones del Artículo 14.5) sean aplicables, a los actos mencionados en el Artículo 14.1) a 4) realizados con tales variedades. 2) [Excepción facultativa] No obstante lo dispuesto en el Artículo 14, cada Parte Contratante podrá restringir el derecho de obtentor respecto de toda variedad, dentro de límites razonables y a reserva de la salvaguardia de los intereses legítimos del obtentor, con el fin de permitir a los agricultores utilizar a fines de reproducción o de multiplicación, en su propia explotación, el producto de la cosecha que hayan obtenido por el cultivo, en su propia explotación, de la variedad protegida o de una variedad cubierta por el Artículo 14.5)a)i) o ii).

más, inscribirse en el Registro de Obtenciones Vegetales), convencionales, modificadas genéticamente, o de conservación (variedades locales o autóctonas). Para que se puedan inscribir en el Registro de Variedades Comerciales, las variedades cultivares deben pasar dos exámenes. Un examen DHE (que ya habrá sido pasado por las variedades que se hayan admitido como obtención vegetal), y un examen de Valor de Cultivo y Uso (VCU)[83]. Así, no todas las obtenciones vegetales pueden ser comercializadas (pues puede que no pasen el examen VCU), ni todas las variedades comercializadas tienen porqué ser obtenciones vegetales

Estos registros pueden contener cierta información nutricional, bien porque lo exige la normativa (en el examen VCU para la inscripción de variedades comerciales se exige el análisis de algunos elementos nutricionales de la variedad), o bien porque, aunque no se exija para la inscripción, se incluyan en la descripción de la variedad (es decir, en la enumeración de sus caracteres) algún carácter que, además de distinguirla, pueda ser un elemento nutritivo.

5.1 Información nutricional en los registros de variedades comerciales

Tal y como hemos dicho, el Registro de Variedades comerciales contiene cierta información nutricional, porque en el examen VCU para la inscripción de variedades comerciales se exige el análisis de algunos elementos nutricionales de la variedad.

El examen VCU se tienen en cuenta la productividad de la variedad, su comportamiento ante las condiciones climáticas, accidentes,

---

83 En España, el artículo 4 del Real Decreto 170/2011, de 11 de febrero, que aprobó el Reglamento general del registro de variedades comerciales, señala que es un requisito de la variedad comercial su "Valor agronómico o de utilización", y señala que:
"1. El valor agronómico o de utilización suficiente de una variedad se establecerá de acuerdo con lo señalado en el artículo 10 de la Ley 30/2006 de 27 de julio. Para la admisión de variedades en el Registro de Variedades Comerciales, cuando así se establezcan en los Reglamentos técnicos de inscripción de variedades de distintas especies, que figuran como anexos del presente Reglamento, las variedades deberán tener un valor de cultivo o de utilización suficiente que será determinado por las Comisiones Nacionales de Evaluación de Variedades, reguladas en el Título II de este reglamento".

plagas y enfermedades, y otros caracteres que condicionan la regularidad de los rendimientos, así como la calidad del producto, en la que se incluye como elemento medidor elementos de su contenido nutricional.

Actualmente, la descripción VCU de un número determinado de especies comerciales, refleja algunos elementos nutricionales, como proteínas, grasas, carotenos, taninos, etc.[84]

En todos los casos, la información nutricional de dichas variedades comerciales es incompleta pues solo hace referencia a determinados niveles de proteínas, alérgenos, azúcares... no exigiéndose todos ellos en todas las variedades, ni midiéndose todos ellos en los exámenes VCU.

En este sentido, y dado que los catálogos de comercialización de las semillas también se basan en las descripciones de los registros de variedades comerciales, resultaría interesante que los contenidos nutricionales pudieran incluirse, del modo más amplio posible, en los mismos. En especial, en el caso de que ninguna autoridad del Miembro de la UPOV que desarrolle el examen de DHE de la variedad vegetal opte por no considerar ninguno de los contenidos nutricionales como carácter adicional de la variedad vegetal.

Por otra parte, los efectos jurídicos de dicha información (y de reconocimiento oficial de la misma), tienen un ámbito territorial limitado: el de España y el de la Unión Europea. Es por ello que entendemos que la inclusión de información nutricional en la descripción de una obtención vegetal, puede resultar útil para el conocimiento internacional de variedades que supongan alguna mejora nutricional, pues las obtenciones vegetales inscritas en el Registro de

---

84 Artículo 39.5 del Real Decreto 170/2011, de 11 de febrero, que aprobó el Reglamento general del registro de variedades comerciales. Se amplía en los Anexos (Anexo I, punto 5, que señala que incluye como características de calidad de las variedades de trigo, su porcentaje de proteínas. Anexo II, punto 5, el contenido de azúcar en las raíces, en variedades de remolacha azucarera y forrajera. Anexo III, punto 5, para variedades de maíz, el contenido en proteínas, caroteno y almidón, para variedades de sorgo, el contenido en proteínas y taninos. Anexo IV, punto 5, contenido de proteínas y caroteno en variedades de alfalfa, de alcaloides y proteínas en los garbanzos, de grasa, proteínas y alcaloides en los altramuces, contenido de proteínas en las lentejas, guisantes y habas, etc.).

Variedades tienen un reconocimiento internacional más amplio, en el ámbito territorial de todos los países de la UPOV[85].

Además, la inclusión de variedades vegetales nuevas como obtenciones vegetales permite que eventuales contenidos nutricionales de las nuevas variedades vegetales, que todavía no hayan sido reconocidas como variedades comerciales, puedan ser conocidos y medidos. Por ello es útil que el reconocimiento de contenidos nutricionales se haga en los exámenes DHE, en el ámbito de la UPOV, como características de sus respectivas descripciones, de la manera más amplia posible.

5.2 Contenido nutricional como carácter en los exámenes DHE y como elemento de examen VCU

Como veremos, el valor comercial del contenido nutricional diferenciador de una variedad respecto de las demás conocidas, no puede ser obstáculo para su aceptación como carácter adicional en un examen DHE.

Ello no impide que, dado que en la variedad se incorporan contenidos nutricionales, la finalidad del solicitante sea la de su comercialización en los mercados alimenticios. Ello obligará a desarrollar no sólo exámenes DHE, esencialmente coincidentes con los de los Protocolos técnicos de la OCVV-CPVO, o, en su defecto, que sigan con las Directrices de examen DHE de la UPOV,[86] sino también nor-

---

85 Países de la UPOV: son 78 países, que incluyen, entre otros, a todos los miembros de la Unión Europea, y la misma Unión Europea, Albania, Argentina, Australia, Azerbaiyán, Bielorrusia, Bolivia, Bosnia y Herzegovina, Brasil, Canadá, Chile, China, Colombia, Corea, Costa Rica, Ecuador, Egipto, Estados Unidos de América, Federación de Rusia, Georgia, Ghana, Islandia, Israel, Japón, Jordania, Kenya, Kirguistán, Macedonia del Norte, Marruecos, México, Moldova, Nicaragua, Montenegro, Noruega, Nueva Zelanda, Omán, Organización Africana de la Propiedad Intelectual, Panamá, Paraguay, Perú, Reino Unido, República Dominicana, Tanzania, San Vicente y las Granadinas, Serbia, Singapur, Sudáfrica, Suiza, Trinidad y Tobago, Túnez, Turquía, Ucrania, Uruguay, Uzbekistán y Viet Nam. 59 de ellos vinculados por la versión del Convenio de la UPOV de 1991.
https://www.upov.int/export/sites/upov/members/es/pdf/status.pdf

86 En España, el artículo 33 del Real Decreto 170/2011, de 11 de febrero, que aprobó el Reglamento general del registro de variedades comerciales, señala que:

mas de Valor para el Cultivo y Uso (VCU)[87], que permitan su comercialización en el registro de variedades comerciales correspondiente. VCU que deberá también ser objeto de examen, en el que se tendrán en cuenta no solo la productividad de la variedad, su comportamiento ante las condiciones climáticas, accidentes, plagas y enfermedades, u otros caracteres que condicionen la regularidad de los rendimientos, sino también la calidad del producto, en lo que su contenido nutricional juega un papel esencial. Ya en la actualidad, la descripción VCU de un número determinado de especies comerciales, refleja

---

2. En lo que respecta a la distinción, estabilidad y homogeneidad, la realización de los exámenes oficiales para la admisión de variedades, cumplirán las condiciones establecidas en los «Protocolos para los exámenes de distinción, homogeneidad y estabilidad», dictados por el Consejo de Administración de la Oficina Comunitaria de Variedades Vegetales, empleando todos los caracteres varietales que se establecen en los citados protocolos.
3. Cuando la citada Oficina no haya establecido un protocolo para la realización del ensayo de identificación de una especie concreta, se cumplirán las directrices de examen, en vigor, de la Unión Internacional para la Protección de las Obtenciones Vegetales (UPOV) empleando todos los caracteres varietales señalados con un asterisco que se establecen en las citadas Directrices.
4. Las observaciones de los caracteres a los que hace referencia los apartado primero y segundo, se efectuarán siempre que la expresión de alguno de ellos no impida la observación de otros, o las condiciones ambientales en que se realice el ensayo, no impida la expresión de alguno de ellos.
5. Los Protocolos y Directrices a que se hace referencia en los apartados anteriores quedarán recogidos en los Reglamentos Técnicos de Inscripción.
6. Cuando no existan directrices o protocolos de examen, a los que hace referencia los apartados 2 y 3 de este artículo, los caracteres a observar para la realización del ensayo de identificación, serán los que determine la Oficina Española de Variedades Vegetales".
(...)"

87 En España, el artículo 4 del Real Decreto 170/2011, de 11 de febrero, que aprobó el Reglamento general del registro de variedades comerciales, señala que es un requisito de la variedad comercial su "Valor agronómico o de utilización", y señala que:
"1. El valor agronómico o de utilización suficiente de una variedad se establecerá de acuerdo con lo señalado en el artículo 10 de la Ley 30/2006 de 27 de julio. Para la admisión de variedades en el Registro de Variedades Comerciales, cuando así se establezcan en los Reglamentos técnicos de inscripción de variedades de distintas especies, que figuran como anexos del presente Reglamento, las variedades deberán tener un valor de cultivo o de utilización suficiente que será determinado por las Comisiones Nacionales de Evaluación de Variedades, reguladas en el Título II de este reglamento".

algunos elementos nutricionales, como proteínas, grasas, carotenos, taninos, etc.[88]

En este sentido, y dado que los catálogos de comercialización de las semillas también se basan en las descripciones de los registros de variedades comerciales, resultaría igualmente interesante que los contenidos nutricionales pudieran incluirse, del modo más amplio posible, en lo mismos. En especial, en el caso de que la autoridad del Miembro de la UPOV que desarrolle el examen de DHE opte por no considerar dichos contenidos nutricionales como un carácter adicional de la variedad vegetal.

Con todo, muchos de los contenidos nutricionales de las variedades comerciales no se reflejan ni miden en los exámenes VCU, y muchas variedades vegetales no son reconocidas como variedades comerciales, por lo que nos igualmente útil que el reconocimiento de los contenidos nutricionales se haga en los exámenes DHE, en el ámbito de la UPOV, como características adicionales en sus respectivas descripciones, también de la manera más amplia posible.

No parece que esta sea la idea de la Propuesta de Reglamento del Parlamento Europeo y del Consejo sobre la producción y comercialización de materiales de reproducción vegetal en la Unión, por el que se modifican los Reglamentos (UE) 2016/2031, (UE) 2017/625 y (UE) 2018/848 del Parlamento Europeo y del Consejo y se derogan las Directivas 66/401/CEE, 66/402/CEE, 68/193/CEE, 2002/53/CE, 2002/54/CE, 2002/55/CE, 2002/56/CE, 2002/57/CE, 2008/72/CE y 2008/90/CE del Consejo (Reglamento sobre materiales de reproducción vegetal). La misma, aunque introduce elementos de flexibilidad en el reconocimiento de las variedad comerciales, sigue limitando solo a especies de mayor importancia

---

88 Artículo 39.5 del Real Decreto 170/2011, de 11 de febrero, que aprobó el Reglamento general del registro de variedades comerciales. Se amplía en los Anexos (Anexo I, punto 5, que señala que incluye como características de calidad de las variedades de trigo, su porcentaje de proteínas. Anexo II, punto 5, el contenido de azúcar en las raíces, en variedades de remolacha azucarera y forrajera. Anexo III, punto 5, para variedades de maíz, el contenido en proteínas, caroteno y almidón, para variedades de sorgo, el contenido en proteínas y taninos. Anexo IV, punto 5, contenido de proteínas y caroteno en variedades de alfalfa, de alcaloides y proteínas en los garbanzos, de grasa, proteínas y alcaloides en los altramuces, contenido de proteínas en las lentejas, guisantes y habas, etc.).

económica y social,[89] el alcance de los exámenes de "valor para el cultivo y el uso" ("VCU") (que transforma en exámenes de "valor para el cultivo y el uso sostenibles" ("VSCU"))[90], en los que se siguen teniendo en cuenta, como uno de los elementos fundamentales para poder registrar nuevas variedades comerciales, las mejoras de características cualitativas o nutricionales respecto a las demás variedades de los mismos género o especies[91].

Finalmente, insiste en que los exámenes DHE son más importantes que los exámenes VCUS, de ahí que establece que los DHE serán realizados únicamente por las autoridades encargadas de realizarlos y auditadas por la OCVV-CPVO, a diferencia de los exámenes VCUS, que también podrán llevar a cabo agricultores profesionales, bajo la supervisión oficial de las autoridades competentes[92]. Esta mayor importancia, refuerza nuestra idea de la utilidad de que los contenidos nutricionales puedan ser incluidos como carácter adicional, lo que conllevaría un mayor control, y mayor posibilidad de reconocimien-

---

89 "*Esta importancia debe evaluarse en función de si dichos géneros y especies representan una superficie de producción y un valor significativos en la Unión, de su papel para la seguridad de la producción de alimentos y piensos en la Unión, y de si se comercializan al menos en dos Estados miembros. La superficie de producción y el valor pueden referirse a distintos aspectos técnicos. En función de las circunstancias, podrán calcularse sobre la base de factores como el tamaño total de tierras productivas en varias zonas de la Unión, el valor de comercialización de los materiales de producción vegetal en relación con sectores específicos o la demanda de estas especies por parte de los agricultores, los usuarios finales y la industria*". Considerando (6) de la Propuesta de Reglamento del Parlamento Europeo y del Consejo sobre la producción y comercialización de materiales de reproducción vegetal en la Unión. https://eur-lex.europa.eu/resource.html?uri=cellar:02951036-1cac-11ee-806b-01aa75ed71a1.0024.02/DOC_1&format=PDF

90 El cambio de VCU a VCUS es criticado, por innecesario y costoso en VIVES VALLÉS, Juan Antonio. "The new EC proposal for a regulation on the production and marketing of plant reproductive material: upgrade or regression? An intellectual property perspective. *Journal of Intellectual Property Law & Practice*, 2023, Volume 18, Issue 11. Published: 27 October 2023, https://doi.org/10.1093/jiplp/jpad085 pág. 2.

91 Artículo 52.1.g) de la Propuesta de Reglamento del Parlamento Europeo y del Consejo sobre la producción y comercialización de materiales de reproducción vegetal en la Unión.

92 Exposición de Motivos de la Propuesta de Reglamento del Parlamento Europeo y del Consejo sobre la producción y comercialización de materiales de reproducción vegetal en la Unión… Pág. 16.

to (y protección) a nivel internacional del obtentor de la variedad vegetal más nutritiva.

5.3 Propuesta de Reglamento del Parlamento Europeo y del Consejo sobre la producción y comercialización de materiales de reproducción vegetal en la Unión

La Propuesta de Reglamento del Parlamento Europeo y del Consejo sobre la producción y comercialización de materiales de reproducción vegetal en la Unión, por el que se modifican los Reglamentos (UE) 2016/2031, (UE) 2017/625 y (UE) 2018/848 del Parlamento Europeo y del Consejo y se derogan las Directivas 66/401/CEE, 66/402/CEE, 68/193/CEE, 2002/53/CE, 2002/54/CE, 2002/55/CE, 2002/56/CE, 2002/57/CE, 2008/72/CE y 2008/90/CE del Consejo (Reglamento sobre materiales de reproducción vegetal) no supone un avance en el sentido de ampliar la aceptación de las informaciones nutricionales en el examen VCU.

Es cierto que introduce elementos de flexibilidad en el reconocimiento de las variedades comerciales, pero sigue limitando su alcance a especies de mayor importancia económica y social,[93] limitando el número de especies y, por tanto, de variedades, comercializables. Por otra parte, introduce un nuevo elemento en los exámenes de "valor para el cultivo y el uso " ("VCU"), que pasan a ser exámenes de "valor para el cultivo y el uso sostenibles " ("VCUS")), por lo que se-

---

93 "*Esta importancia debe evaluarse en función de si dichos géneros y especies representan una superficie de producción y un valor significativos en la Unión, de su papel para la seguridad de la producción de alimentos y piensos en la Unión, y de si se comercializan al menos en dos Estados miembros. La superficie de producción y el valor pueden referirse a distintos aspectos técnicos. En función de las circunstancias, podrán calcularse sobre la base de factores como el tamaño total de tierras productivas en varias zonas de la Unión, el valor de comercialización de los materiales de producción vegetal en relación con sectores específicos o la demanda de estas especies por parte de los agricultores, los usuarios finales y la industria*". Considerando (6) de la Propuesta de Reglamento del Parlamento Europeo y del Consejo sobre la producción y comercialización de materiales de reproducción vegetal en la Unión. https://eur-lex.europa.eu/resource.html?uri=cellar:02951036-1cac-11ee-806b-01aa75ed71a1.0024.02/DOC_1&format=PDF

rán más complejos y costosos[94], lo que va en la dirección de restringir los operadores que tengan la capacidad para desarrollar dicho tipo de exámenes.

Al menos, no supone un paso atrás, en el sentido de que se siguen teniendo en cuenta, como uno de los elementos fundamentales para poder registrar nuevas variedades comerciales, las mejoras de características cualitativas o nutricionales respecto a las demás variedades de los mismos género o especies[95].

Es más, dado que la Propuesta no hace referencia alguna a la inclusión de los contenidos nutricionales en los exámenes DHE, tampoco impide que estos puedan ser admitidos como caracteres adicionales[96], ni que, por esta vía, los exámenes DHE se conviertan, de facto, en exámenes VCU encubiertos[97], aunque solo en el limitado número de género y especies que se regulan como comercializables.

---

94 El cambio de VCU a VCUS es criticado, por innecesario y costoso en VIVES VALLÉS, Juan Antonio. "The new EC proposal for a regulation on the production and marketing of plant reproductive material: upgrade or regression? An intellectual property perspective. *Journal of Intellectual Property Law & Practice*, 2023, Volume 18, Issue 11. Published: 27 October 2023, https://doi.org/10.1093/jiplp/jpad085 pág. 2.

95 Artículo 52.1.g) de la Propuesta de Reglamento del Parlamento Europeo y del Consejo sobre la producción y comercialización de materiales de reproducción vegetal en la Unión.

96 Sobre la posible inclusión de caracteres adecuados para exámenes VCU en exámenes DHE, como la tolerancia a la sequía, o el contenido nutricional:
- VIVES-VALLÉS, Juan Antonio. "Obtenciones vegetales: análisis sobre la viabilidad de la inclusión de caracteres de tolerancia a la sequía en los exámenes DHE realizados al amparo del sistema de la UPOV", en *Indret*, 2021, nº 1. DOI: 10.31009/InDret.2021.i1.04.
- MARTÍNEZ-CAÑELLAS, A. M. "Improving UPOV system as an instrument to implement the UN Agenda 2030: nutritional content as a characteristic of a new variety plant", en: Vives-Vallés, J. A., Rampazzo, N., Kepinski, J. (Eds.), *Intellectual Property in Agriculture. Plant Breeders' Rights and Geographical Indications: Towards a Comprehensive Approach to Intellectual Property in Agriculture.* Aranzadi (Thomson Reuters), 2022, págs. 35-52;
- NWOSU, L. C., NWOSU, U. I., 2022. "Innovations in plant variety testing with entomological and statistical interventions", en: Galanakis, C. M. (Ed.), *Environment and Climate-smart Food Production.* Springer International Publishing, págs. 181-218. doi: 10.1007/978-3-030-71571-7_6.

97 VIVES VALLÉS, J. A. "Proposals for the improvement of the technical examination under the EU Plant Breeders' Rights system", en *EFB Bioeconomy Journal 3*

En esta dirección, la Propuesta insiste en que los exámenes DHE son más importantes que los exámenes VSCU, de ahí que establece que los DHE serán realizados únicamente por las autoridades encargadas de realizarlos y auditadas por la OCVV-CPVO, a diferencia de los exámenes VSCU, que también podrán llevar a cabo agricultores profesionales, bajo la supervisión oficial de las autoridades competentes[98]. Esta mayor importancia, refuerza nuestra idea de la utilidad de que los contenidos nutricionales puedan ser incluidos como carácter adicional, lo que conllevaría un mayor control, y mayor posibilidad de reconocimiento (y protección) a nivel internacional del obtentor de la variedad vegetal más nutritiva, y mayor probabilidad de que la variedad vegetal reconocida como obtención obtuviera posteriormente un examen VCUS favorable y pudiera ser inscrita como variedad comercial.

(2023) 100046. Pág. 1-4; Pág. 3.

98 Exposición de Motivos de la Propuesta de Reglamento del Parlamento Europeo y del Consejo sobre la producción y comercialización de materiales de reproducción vegetal en la Unión. Pág. 16.

6. CONTENIDO NUTRICIONAL DE LA VARIEDAD VEGETAL COMO CARÁCTER EN VIRTUD DEL CONVENIO DE LA UPOV

Finalmente, concluimos en el presente capítulo, si es posible incluir información nutricional de la variedad vegetal en su descripción, así como en los exámenes DHE, con el actual marco normativo, regido por el Acta de 1991 del Convenio de la UPOV.

6.1 Actualmente, el contenido nutricional no se considera carácter de una variedad vegetal en el sistema de la UPOV

Según el Artículo 1 (vi) del Convenio de la UPOV de 1991[99]*: "se entenderá por "variedad" un conjunto de plantas de un solo taxón botánico del rango más bajo conocido que, con independencia de si responde o no plenamente a las condiciones para la concesión de un derecho de obtentor, pueda:*

– definirse por la expresión de los caracteres resultantes de un cierto genotipo o de una cierta combinación de genotipos,

– distinguirse de cualquier otro conjunto de plantas por la expresión de uno de dichos caracteres por lo menos,

– considerarse como una unidad, habida cuenta de su aptitud a propagarse sin alteración;

La definición de variedad como "conjunto de plantas" aclara que un rasgo (como el color de la flor o la resistencia a las enferme-

99 En la versión inglesa: ""*variety" means a plant grouping within a single botanical taxon of the lowest known rank, which grouping, irrespective of whether the conditions for the grant of a breeder's right are fully met, can be*
- defined by the expression of the characteristics resulting from a given genotype or combination of genotypes,
- distinguished from any other plant grouping by the expression of at least one of the said characteristics and
- considered as a unit with regard to its suitability for being propagated unchanged";

des), o una sustancia química, o de otro tipo no pueden considerarse variedades[100], pero sí son necesarios para definir una variedad.

Ahora bien, en el Convenio de la UPOV de 1991 no incluye el término "rasgos", sino el término "caracteres" para distinguir una variedad de otra. Y ello porque, aunque está claro que un rasgo, como el olor, es una "peculiaridad, propiedad o nota distintiva"[101], o el término usado en la versión inglesa "*trait*" es una "cualidad distintiva"[102], y podría ser considerada como un carácter de la planta, pueden existir rasgos de una planta que no sean "caracteres", en el sentido que le da el Convenio de la UPOV, porque no sean útiles para distinguir una variedad de otra.

No cabe duda de que el contenido nutricional de una variedad, o de los frutos de esta variedad vegetal, puede considerarse un rasgo de la planta y que, en tanto que puede distinguir una variedad de otra, podría ser considerado como un carácter de la variedad vegetal. La cuestión es la de saber si el contenido nutricional de la variedad de la planta puede ser considerado un carácter a los efectos de la UPOV, teniendo en cuenta que el valor nutritivo es un carácter oculto, cada vez más valorado por los consumidores, los científicos y la profesión médica[103]. Si el contenido nutricional de la variedad vegetal o de su fruto puede considerarse un carácter en los términos del Convenio de la UPOV, podrá incluirse en su definición.

Para responder a esta pregunta, debemos subrayar que, de acuerdo con el Convenio de la UPOV, no todos los caracteres de la planta o de su fruto deben incluirse en su definición[104]. En virtud del Con-

---

100 UPOV. *Explanatory Notes on the Definition. of Variety under the 1991 Act of* the UPOV Convention. Adopted by the Council at its forty-fourth ordinary session on October 21, 2010. UPOV/EXN/VAR/1, pág. 4.

101 https://dle.rae.es/rasgo

102 https://www.merriam-webster.com/dictionary/trait

103 BARRETT, D. M., BEAULIEU, J. C., SHEWFELT, R. (2010) "Color, Flavor, Texture, and Nutritional Quality of Fresh-Cut Fruits and Vegetables: Desirable Levels, Instrumental and Sensory Measurement, and the Effects of Processing", en *Critical Reviews in Food Science and Nutrition*, 50:369-389. DOI: 10.1080/10408391003626322, pág. 369.

104 Por ejemplo, no se incluye en el examen DHE de la cebolla si la variedad genera lloros o no al que la corta (*lachrymatory factor and pyruvic acid*) (UPOV. *Guidelines for the Conduct of Tests for Distinctness, Uniformity and Stability. Onion, Echa-*

venio de la UPOV, para conceder la protección a una obtención vegetal, ésta debe superar el examen DHE (Distinción, Homogeneidad y Estabilidad).

La UPOV ha elaborado normas particulares para los exámenes DHE, y se insta a que todos los exámenes sigan los principios de la *Introducción general al examen de la Distinción, la Homogeneidad y la Estabilidad y a la elaboración de descripciones armonizadas de las obtenciones vegetales.* Según estos principios, la definición de una variedad consiste en la expresión de los caracteres resultantes de un genotipo, suficientemente consistentes y repetibles en un medio particular, lo que se comprueba a través de los exámenes DHE, de lo que se deriva que los caracteres son la base de los exámenes DHE.[105]

Los caracteres incluidos en las Directrices de Examen DHE son los caracteres importantes, "esenciales"[106], o "pertinentes",[107] que inclu-

---

lion; Shallot; Grey Shallot. UPOV Code: ALLIU_CEP_CEP, ALLIU_CEP_AGG, ALLIU_OSC Allium cepa (Cepa Group), Allium cepa (Aggregatum Group) and Allium oschaninii O. Fedtsch. and hybrids between them. https://www.upov.int/edocs/tgdocs/en/tg046.pdf).

105 "A lo largo de todas las Actas del Convenio de la UPOV ha quedado establecido que la variedad se define por medio de sus caracteres y que éstos últimos son por tanto la base sobre la que puede examinarse la variedad a los efectos de la distinción, la homogeneidad y la estabilidad". UPOV. *General Introduction to the Examination of DUS and the development of harmonized descriptions of New Varieties of Plants.* April 19, 2002. TG/1/3; pág. 6.

106 "*En las Actas de 1961/1972 y 1978 del Convenio de la UPOV, en el Artículo 6.1) a) se especifica que la distinción queda establecida cuando una variedad se distingue "claramente por uno o varios caracteres importantes" y en el Artículo 6.1) d) se exige que la variedad sea estable en sus "caracteres esenciales". Aunque el término carácter no se especifica en los criterios relativos a la homogeneidad, se entiende claramente que el requisito de homogeneidad está relacionado con los caracteres de la variedad dado que estos constituyen la base para la distinción y la estabilidad*". UPOV. *General Introduction to the Examination of DUS* ..., pág. 7.

107 "*En el Acta de 1991 del Convenio de la UPOV, el Artículo 8 prevé que la homogeneidad se evaluará teniendo en cuenta que la variedad sea lo "suficientemente uniforme en sus caracteres pertinentes" y en el Artículo 9 se establece que "se considerará estable la variedad si sus caracteres pertinentes se mantienen inalterados después de reproducciones o multiplicaciones sucesivas o, en caso de un ciclo particular de reproducciones o de multiplicaciones, al final de cada ciclo". El requisito prescrito en el Artículo 1.vi) de que la variedad pueda "distinguirse de cualquier otro conjunto de plantas por la expresión de uno de dichos caracteres por lo menos..." significa que la variedad deberá distinguirse por los caracteres*". UPOV. *General Introduction to the Examination of DUS* ..., pág. 7.

yen los caracteres "estándares" para describir una variedad, que son aquellos que han sido aprobados por la UPOV para el examen DHE y de los cuales los Miembros de la UPOV pueden elegir los que convengan para determinadas circunstancias[108], y pueden ser caracteres cualitativos (aquellos en los que la expresión abarca toda la gama de variación de un extremo a otro), cuantitativos (aquellos que se expresan en niveles discontinuos: altura de la planta,...) o pseudocualitativos (aquellos en los que la gama de expresión es continua al menos en parte pero varía en más de una dimensión, por ejemplo, la forma)[109].

De entre estos caracteres, la UPOV puede aprobar "caracteres con asterisco" (señalados con *), que deben, necesariamente, incluirse en las directrices de examen, y los Miembros deberán incluirlos en los exámenes DHE que desarrollen, Sirven para armonizar internacionalmente las descripciones de las variedades.[110] Estos "caracteres con asterisco" deben estar contemplados en las Directrices de examen DHE, deben utilizarse siempre en el examen DHE, e incluirse en la descripción de la variedad, por todos los Miembros de la UPOV, excepto cuando el nivel de expresión de un carácter precedente o las condiciones medioambientales de la región lo imposibiliten. Deberán ser útiles para la función; y debería prestarse una atención particular a lo mismos antes de seleccionar caracteres relativos a la resistencia a las enfermedades[111].

Así, la UPOV permite que la resistencia a enfermedades pueda ser un "carácter con asterisco"[112], pero no menciona expresamente

---

108 Los caracteres estándar son "*caracteres aceptados por la UPOV para el examen DHE*" por lo deben satisfacer los criterios generales propios de todos los caracteres, y, además, "*haber sido utilizados al menos por un Miembro de la Unión para elaborar una descripción de la variedad*". Cuando exista una larga lista de dichos caracteres y se considere adecuado para los fines de DHE, es posible que, "*de entre ello, los Miembros de la Unión pueden seleccionar los adecuados a sus circunstancias particulares*", indicando la medida en la que pueda utilizarse cada carácter. UPOV. *General Introduction to the Examination of DUS ...*, pág. 13.

109 UPOV. *General Introduction to the Examination of DUS ...*, pág. 10.

110 UPOV. *General Introduction to the Examination of DUS ...*, pág. 13.

111 UPOV. *General Introduction to the Examination of DUS ...*, pág. 13.

112 Son muchas las directrices de examen DHE que reconocen la resistencia a enfermedades como caracteres con asterisco. Entre otras muchas las del tomate (UPOV. *Guidelines for the Conduct of Tests for Distinctness, Uniformity and Stability. Tomato.* UPOV Code: SOLAN_LYC *Solanum lycopersicum* L. TG/44/11 Rev. 3.

que el contenido nutricional, ni otros rasgos como la resistencia a la sequía, puedan serlo, por lo que nos inclinamos a que, en principio, estos rasgos no puedan considerarse como "caracteres con asterisco", ni, por supuesto, "caracteres pertinentes - esenciales".

En efecto, estos "caracteres pertinentes - esenciales", los caracteres estándar" o los "caracteres señalados con asterisco", para ser medidos en los exámenes DHE, y para producir una descripción de variedad, tienen que cumplir los siguientes requisitos básicos: Su expresión:

a) debe ser el resultado de un cierto genotipo o de una cierta combinación de genotipos (este requisito se especifica en el Artículo 1.vi) del Acta de 1991 del Convenio de la UPOV, pero constituye un requisito básico en todos los casos);

b) debe ser lo suficientemente consistente y repetible en un medio ambiente particular;

c) debe mostrar una variación suficiente entre las variedades que permite establecer la distinción;

d) puede definirse y reconocerse con precisión (este requisito se especifica en el Artículo 6 de las Actas de 1961/1972 y 1978 del Convenio de la UPOV, pero constituye un requisito básico en todos los casos);

e) permite que se cumplan los requisitos sobre la homogeneidad;

f) permite que se cumplan los requisitos sobre la estabilidad, es decir, produce resultados consistentes y repetibles después de cada reproducción o multiplicación repetida o, en caso necesario, al final de cada ciclo de reproducción o multiplicación.[113]

ORIGINAL: English. DATE: 2011-10-20 + 2013-03-20 + 2018-10-30 + 2019-10-29), guisante (UPOV. *Guidelines for the Conduct of Tests for Distinctness, Uniformity and Stability. Pea.* UPOV Code: PISUM_SAT *Pisum sativum* L. TG/7/10 Rev. 3. ORIGINAL: English. DATE: 2009-04-01 + 2014-04-09 + 2018-10-30 + 2019-06-14 + 2022-10-25), la lechuga (UPOV. *Guidelines for the Conduct of Tests for Distinctness, Uniformity and Stability. Lettuce.* UPOV Code(s): LACTU_SAT *Lactuca sativa* L. TG/13/11 Rev. 2. ORIGINAL: English. DATE: 2017-04-05 + 2019-06-14 + 2021-10-26), o la espinaca (UPOV. *Guidelines for the Conduct of Tests for Distinctness, Uniformity and Stability. Spinach.* UPOV Code: SPINA_OLE *Spinacea oleracea* L. TG/55/7 Rev. 7. ORIGINAL: English. DATE: 2007-03-28 + 2011-04-06 + 2013-03-20 + 2015-03-25 + 2016-03-16 + 2018-09-20 + 2019-06-14 + 2022-10-25).

113 UPOV. *General Introduction to the Examination of DUS* ..., pág. 10.

Hasta ahora, el contenido nutricional de la planta o de su fruto nunca se ha considerado un "carácter pertinente - esencial", ni un "carácter estándar", ni un "carácter con asterisco" en el marco de la UPOV. Esto significa que estos caracteres no se miden en el examen DHE. Por lo tanto, si un obtentor mejorara una variedad vegetal de hortalizas, creando una nueva más nutritiva, no gozará el "cuasi monopolio" que la UPOV concede a los obtentores de la variedad vegetal mejorada, porque no será considerada una nueva variedad bajo el sistema UPOV.

6.2 *El sabor, carácter UPOV de una variedad, útil como indicio del contenido nutricional*

El sabor es un rasgo que ha sido aceptado como carácter y que puede ser considerado como carácter "pertinente", "esencial", o "estándar"[114], o, incluso, como un "carácter con asterisco"[115], en la evaluación de la Distinción, Homogeneidad y Estabilidad, y puede observarse "visualmente" (la observación "visual" (V, que puede ser VS o VG)[116] en una observación realizada a partir del juicio del experto[117].

---

114 Sabor como carácter esencial cualitativo en la fruta, semilla y raíz de la chayota (UPOV. *Guidelines for the Conduct of Tests for Distinctness, Uniformity and Stability. Chayote UPOV Code: SECHI_EDUL Sechium edule (Jacq.) Sw. TG/CHAYO (proj.1)* ORIGINAL: English DATE: 2007-05-14 https://www.upov.int/edocs/mdocs/upov/en/twv/41/docs/tg_chayo_proj_1.pdf, págs. 17, 18 y 19).

115 Sabor como carácter con asterisco de la uva (UPOV. *Guidelines for the Conduct of Tests for Distinctness, Uniformity and Stability. Grapevine.* UPOV code: VITIS Vitis L. TG/50/9 ORIGINAL: English DATE: 2008-04-09. https://www.upov.int/edocs/tgdocs/en/tg050.pdf, pág. 24), o del mango (UPOV. *Guidelines for the Conduct of Tests for Distinctness, Uniformity and Stability. Mango.* Código UPOV: MANGI_IND *Mangifera indica* L. TG/112/4 Corr. ORIGINAL: Inglés. FECHA: 2006-04-05 + 2017-04-05. https://www.upov.int/edocs/tgdocs/en/tg112.pdf, pág. 20).

116 VG: evaluación visual mediante una única observación de un grupo de varias plantas o partes de plantas VS: evaluación visual mediante la observación de varias plantas o partes de plantas individuales.

117 A los efectos del presente documento, la observación "visual" se refiere a las observaciones sensoriales de los expertos y, por lo tanto, también incluye el olfato, el gusto, el tacto (UPOV. *Development of Test Guidelines. Associated Document to the General Introduction to the Examination of Distinctness, Uniformity and Stability and the Development of Harmonized Descriptions of New Varieties of Plants.* (Document

El sabor suele incluirse con referencia a un sabor concreto (como el sabor de la uva[118], o el sabor del fruto del mango)[119], o de manera más genérica, refiriéndose al carácter más o menos dulce[120], o más o

---

TG/1/3). Document adopted by the Council on October 25, 2020, by correspondence. TGP/7/8), y el aroma.

Aunque no es frecuente, el aroma se recoge como carácter en las directrices para el examen DHE de las siguientes especies: la piña (carácter 45, cuantitativo, aroma de la pulpa bajo, medio o alto. UPOV, 2013, p. 15 y 21), la papaya (carácter 38, cuantitativo, aroma de la pulpa débil, medio o fuerte. UPOV. *Guidelines for the Conduct of Tests for Distinctness, Uniformity and Stability. Litchi.* UPOV Code: LITCH_CHI Litchi chinensis Sonn. TG/302/1 ORIGINAL: English. DATE: 2014-04-09, pág. 15), la chirimoya (carácter 42, cuantitativo, aroma de la pulpa débil, medio o fuerte. UPOV, 2009 c, p. 14), el coco (carácter 26, cualitativo, aroma del agua de coco, ausente o presente. "*Las observaciones del racimo, el color del fruto y el aroma del fruto deberán efectuarse en la época de consumo del agua de coco (cuando el fruto tiene 6-7 meses de edad), a partir de la aparición del sexto racimo*". UPOV. *Guidelines for the Conduct of Tests for Distinctness, Uniformity and Stability. Coconut.* UPOV Code: COCOS_NUC *Cocos nucifera* L. TG/314/1 Rev. ORIGINAL: English. DATE: 2016-03-16 + 2019-06-14, págs. 13 y 15), el aguacate (carácter 18, cuantitativo con asterisco, aroma de anís del limbo de la hoja ausente o débil, medio o fuerte, y carácter 58, cualitativo, aroma de anís del fruto ausente o presente. UPOV. *Guidelines for the Conduct of Tests for Distinctness, Uniformity and Stability. Avocado.* UPOV Code: PERSE_AME *Persea americana* Mill. TG/97/4 ORIGINAL: English DATE: 2006-04-05, pág. 10, 19 y 36), o el arroz (carácter 44, cuantitativo, aroma del grano ausente o débil, medio o fuerte. "*El principal responsable del aroma del arroz es la 2-acetil-1-pirrolina. Para vaporizar este compuesto químico, se añaden 10 ml de una solución de KOH al 1,7% a 2 g de granos decorticados. El aroma, similar al de las palomitas de maíz, se libera en los diez minutos siguientes. El nivel de expresión se determina por referencia a las variedades ejemplo*". UPOV. *Guidelines for the Conduct of Tests for Distinctness, Uniformity and Stability. Rice,* pág. 20 y 25). Ya en 1987 se reconoció el aroma u olor de almizcle para determinar las variedades de la guava (carácter 54, olor de almizcle ausente o presente. UPOV (1987) *Guidelines for the Conduct of Tests for Distinctness, Uniformity and Stability. Guava* (Psidium guajava L.). TG/110/3. Original: English/anglais/englisch Date/Datum: 1987-10-07, pág. 17).

118 Carácter 42: sabor a moscatel, avulpinado, herbáceo u otro. (UPOV. *Guidelines for the Conduct of Tests for Distinctness, Uniformity and Stability. Grapevine,* pág. 48).

119 Carácter 52: sabor a trementina, presente o ausente. "El "sabor a trementina" es un sabor aromático y muy fácil de reconocer" (UPOV. *Guidelines for the Conduct of Tests for Distinctness, Uniformity and Stability. Mango,* pág. 29).

120 Entre otras muchas directrices DHE las del: cerezo dulce (Carácter 35, dulzor bajo, medio o alto. UPOV. *Guidelines for the Conduct of Tests for Distinctness, Uniformity and Stability. Sweet Cherry.* UPOV Code: PRUNU_AVI *Prunus avium* L. TG/35/7 DATE: 2006-04-05, pág. 15), melocotón (carácter 59, dulzor ba-

menos ácido[121], o más o menos amargo[122], o más o menos astringente[123], de la fruta de la variedad vegetal.

---

jo, medio o alto, que deberá establecerse en grados Brix. UPOV. *Guidelines for the Conduct of Tests for Distinctness, Uniformity and Stability. Peach.* UPOV Code: PRUNU_PER *Prunus persica* (L.) Batsch. TG/53/7 Rev. 2. ORIGINAL: English. DATE: 2010-03-24 + 2014-04-09 + 2021-10-26, págs. 22 y 37), o el kiwi (carácter 73, cuantitativo, dulzura muy baja, baja, media o alta, que deberá establecerse midiendo con refractómetro el contenido total de sólidos solubles. UPOV. *Guidelines for the Conduct of Tests for Distinctness, Uniformity and Stability. Actinidia.* UPOV Code: ACTIN *Actinidia* Lindl. TG/98/7 Rev. 2. ORIGINAL: English. DATE: 2012-03-28 + 2019-06-14 + 2020-11-10 + 2021-10-26, págs. 30 y 45), la piña (carácter 48, cuantitativo con asterisco, dulzura de la pulpa baja, media o alta, que deberá establecerse midiendo con refractómetro el contenido total de sólidos solubles. UPOV, 2013, p. 15 y 21), el litchi (carácter 48, cuantitativo, dulzura baja, media o alta, que deberá establecerse midiendo con refractómetro el contenido total de sólidos solubles. UPOV. *Guidelines for the Conduct of Tests for Distinctness, Uniformity and Stability. Litchi*, pág. 15 y 27), la papaya (carácter 37, cuantitativo, dulzura baja, media o alta, que deberá establecerse mediante refractómetro. UPOV. *Guidelines for the Conduct of Tests for Distinctness, Uniformity and Stability. Papaya.* UPOV Code(s): CARIC_PAP *Carica papaya* L. TG/264/2 ORIGINAL: English DATE: 2017-04-05, págs. 15 y 23), o el cacao (carácter 23, cuantitativo con asterisco, dulzura de la pulpa débil, media o fuerte, que deberá establecerse mediante refractómetro. UPOV. *Guidelines for the Conduct of Tests for Distinctness, Uniformity and Stability. Cacao.* UPOV Code: THEOB_CAC *Theobroma cacao* L. TG/270/1, 2011-10-20, págs. 14 y 19).

121 Entre otras muchas directrices DHE las de: Las naranjas (carácter 82, cuantitativo, acidez del jugo muy baja, baja, media o alta. UPOV. *Guidelines for the Conduct of Tests for Distinctness, Uniformity and Stability. CITRUS L. - Group 2 Oranges.* TG/202/1 Rev. 2. ORIGINAL: English. DATE: 2003-04-09 + 2015-03-25 + 2019-10-29, págs. 26 y 81); los limones (carácter 71, cuantitativo, acidez del jugo muy baja, baja, media o alta. UPOV. *Guidelines for the Conduct of Tests for Distinctness, Uniformity and Stability. Citrus L. - Group 3. Lemons and Limes.* TG/203/1 Rev. Corr. ORIGINAL: English. DATE: 2003-04-09 + 2015-03-25 + 2020-02-25, págs. 24 y 38), la chirimoya (carácter 41, cuantitativo, de acidez baja, media o alta, UPOV (2009 b) *Guidelines for the Conduct of Tests for Distinctness, Uniformity and Stability. Cherimoya* (*Annona cherimola* Mill.). TG/208/1, 2003-04-09, pág. 14); la acerola (carácter 30, en este caso, cuantitativo, que debe medirse con un medidor de pH. UPOV. *Guidelines for the Conduct of Tests for Distinctness, Uniformity and Stability. Acerola.* UPOV Code: MALPI_EMA *Malpighia emarginata* DC. TG/273/1 ORIGINAL: English DATE: 2011-10-20, págs. 14 y 21), el melocotón (Carácter 60, cuantitativo con asterisco, la acidez podrá ser muy baja, baja, media, alta o muy alta y deberá observarse como acidez titulable en mEq 100/ml. UPOV. *Guidelines for the Conduct of Tests for Distinctness, Uniformity and Stability. Peach*, págs. 22 y 37), la piña (carácter 47, cuantitativo, acidez de la pulpa baja, media

En la mayor parte de las ocasiones en que se tiene en cuenta como carácter, el sabor suele definirse como un carácter cuantitativo. Existen varios métodos generalmente aceptados para objetivar su prueba[122], de entre los cuales la UPOV ha considerado como válido el uso del refractómetro para determinar la dulzura o la acidez de los frutos de las variedades analizadas, es decir, para medir su pH, midiendo el contenido total de sus sólidos solubles. No obstante, dicho método es insuficiente para poder medir sabores concretos, en cuyo caso, la UPOV se remite a la labor "visual" de los examinadores o probadores entrenados, en cuyo caso el carácter del sabor se califica como carácter cualitativo o pseudocualitativo.

Con todo, incluso en dichos casos, la ciencia sensorial ha desarrollado otros sistemas técnicos para medir objetivamente el sabor, y, aunque no se ha concretado en los exámenes DHE[125], este enfoque

---

o alta, que "corresponde al contenido de ácidos libres y se determina por titulación". UPOV (2013). *Guidelines for the Conduct of Tests for Distinctness, Uniformity and Stability. Pineapple.* UPOV Code: ANANA_COM Ananas comosus (L.) Merr. TG/295/1 ORIGINAL: English DATE: 2013-03-20, págs. 14 y 20), o el kiwi (carácter 74, cuantitativo, acidez baja, baja, media o alta, que deberá establecerse midiendo con refractómetro el contenido total de sólidos solubles. UPOV. *Guidelines for the Conduct of Tests for Distinctness, Uniformity and Stability. Actinidia.* págs. 30 y 45).

122 ISO 6564:1985-E. 1985.
KARLSEN, A. M., AABY, K., SIVERTSEN, H., BAARDSETH, P., ELLEKJÑR, M. R. "Instrumental and sensory analysis of fresh Norwegian and imported apples", en *Food Quality and Preference,* 10 (1999), págs. 305 - 314; pág. 305.

123 El caso del Naranjo trifoliado (Poncirus) (Citrus L. - Grupo 5) (UPOV. *Guidelines for the Conduct of Tests for Distinctness, Uniformity and Stability. Citrus L. - Group 5 Trifoliate Orange.* TG/83/4 Rev. Corr. ORIGINAL: English DATE: 2003-04-09 + 2015-03-25 + 2020-02-25, pág. 29 y 35), o del albaricoque, en el que se aprecia la distinción entre variedades por el grado de amargor del grano interior del hueso. Carácter 57, amargor del grano nulo o débil, medio o fuerte. "*La observación se realiza probando el grano*". UPOV. *Guidelines for the Conduct of Tests for Distinctness, Uniformity and Stability. Apricot.* UPOV Code(s): PRUNU_ARM *Prunus armeniaca* L. TG/70/5 ORIGINAL: English DATE: 2021-10-26, págs. 25 y 38.

124 Como el caso del caqui. UPOV. *Guidelines for the Conduct of Tests for Distinctness, Uniformity and Stability. Persimmon* (*Diospyros kaki* L.) TG/92/4 ORIGINAL: English DATE: 2004-03-31.

125 Algunos se basan en el análisis de los datos obtenidos por los probadores (como programa informático sensorial Taste). MACFIE, H. J., BRATCHELL, N. "Designs to balance the effect of order of presentation and first-order carry-over

numérico se está debatiendo en las reuniones de la UPOV para varias características visuales como el color, o la forma[126].

La referencia que incluyo sobre el sabor, es pertinente, pues algunos estudios han demostrado la correlación entre el sabor y el contenido nutricional[127], por lo que una de las pistas para detectar la reducción del valor nutricional es la reducción del sabor de las plantas de nueva variedad y de sus frutos.

Dado que existe una correlación entre el contenido nutricional y el sabor de la planta, de su fruto, o de su semilla, el contenido nutricional de la variedad vegetal podría medirse de forma indirecta y pseudocualitativa, o incluso cuantitativa, midiendo su sabor. En consecuencia, si tal correlación pudiera ser suficientemente precisa, el contenido nutricional podría ser considerado como un carácter pseudocualitativo, o incluso cuantitativo, pertinente-esencial de la misma manera que el sabor.

Sin embargo, en el estado actual de la técnica farmacológica nos parece que no existe un método suficientemente consensuado para la incorporación del contenido nutricional por su relación directa

---

effects in Hall Tests", en *Journal of Sensory Studies,* (1989) nº 4, págs. 129-148; pág. 129; DAILLANT-SPINNLER, D., MACFIE, H. J. H., BEYTS, P. K. AND HEDDERLEY, D. "Relationships between sensory properties and major preference directions of 12 varieties of apples from the southern hemisphere", en *Food Quality and Preference.* (1996) págs. 112-126; pág. 112).
Otros son estrictamente instrumentales (algunos de ellos se describen en BARRETT, D. M., BEAULIEU, J. C., SHEWFELT, R. *Critical Reviews in Food Science and Nutrition,* (2010) 50:369-389. DOI: 10.1080/10408391003626322. pág. 377).

126 UPOV. *Toward Numerical Practices in Variety Testing: A Rationale to Select the Most Promising Traits.* Technical Working Party on Automation and Computer Programs. August 22, 2020. Thirty-Eighth Session. Alexandria, United States of America, September 21 to 23, 2020. TWC/38/10. (This document does not represent UPOV policies or guidance).

127 GOFF, S. A., KLEE, H. J. *Science, 311* (5762), 2006, pág. 815;
BRUNSTROM, J. M., SCHATZKER, M. "Micronutrients and food choice: A case of 'nutritional wisdom' _in humans?", en *Appetite,* 174 (2022) x106055. págs. 1-10; pág. 9, presentando una nueva herramienta para estudiar el comportamiento ingestivo.
GLENDINNING, J. I. "What does the taste system tell us about the nutritional composition and toxicity of foods?", en *The Pharmacology of Taste, Handbook of Experimental Pharmacology,* (2021) nº 275, Ed. Springer. Cham, (Switzerland), págs. 321-351. DOI: https:// doi.org/10.1007/164_2021_451; pág. 341.

con el sabor, por tanto, no aceptable, por ahora, como carácter de la descripción de la variedad.

6.3 El contenido nutricional puede considerarse carácter adicional de una variedad, según el sistema UPOV

La imposibilidad actual de incluir el contenido nutricional medido de la variedad vegetal en su descripción no significa que el contenido nutricional no pueda incluirse como característica, y en la descripción de la variedad en el futuro.

Los caracteres incluidos en las Directrices de examen DHE no son necesariamente exhaustivos. "*Los caracteres incluidos en las Directrices de Examen individuales no son necesariamente exhaustivos y pueden ampliarse con caracteres adicionales si ello resulta útil y los caracteres cumplen las condiciones establecidas anteriormente*"[128]. Por lo tanto, hay caracteres que no se tienen en cuenta ni se miden en un examen DHE, es decir, que no son pertinentes-esenciales, ni estándares, ni llevan asterisco, para definir la variedad vegetal en el sistema de la UPOV.

El catálogo de caracteres examinados en los exámenes DHE puede ampliarse con caracteres adicionales.[129] Y no se exige que un carácter tenga un valor o mérito comercial intrínseco,[130] aunque el que tengan dicho valor no implica que no puedan ser considerados. La clave para tenerlos en cuenta es su carácter diferenciador de otras variedades vegetales de la misma especie (o incluso de otra especie diferente que morfológicamente sea muy próxima).

---

128 UPOV. *General Introduction to the Examination of DUS* ..., pág. 9.

129 "*4.2.3 En el párrafo 4.8, "Ordenamiento funcional de los caracteres por categorías", y en el documento TGP/7, "Elaboración de las Directrices de Examen", se establecen otros criterios para la inclusión de los caracteres en las Directrices de Examen. Los caracteres incluidos en las Directrices de Examen individuales no son obligatoriamente exhaustivos y, en caso de que se considere útil y se satisfagan las condiciones expuestas anteriormente, podrían incorporarse caracteres adicionales*". UPOV. *General Introduction to the Examination of DUS* ..., pág. 10.

130 "*4.2.2 Cabe observar que no existe ningún requisito que exija que el carácter tenga valor o utilidad comercial. No obstante, si un carácter que tiene valor o utilidad comercial satisface todos los criterios para su inclusión, podrá considerarse en la manera habitual*". UPOV. *General Introduction to the Examination of DUS* ..., pág. 10.

Según los principios de la *Introducción general al examen DHE y a la elaboración de descripciones armonizadas de las obtenciones vegetales*[131], la función de los caracteres adicionales es:

"1. Identificar nuevos caracteres, no incluidos en las Directrices de Examen, que hayan sido utilizados por los miembros de la Unión en el examen DHE y cuya inclusión en futuras Directrices de Examen debería considerarse; y

"2. Facilitar la armonización en el desarrollo y la utilización de nuevos caracteres y brindar la oportunidad de un examen por expertos".

Los exámenes DHE no son estáticos en el tiempo, siguen las Directrices de Examen DHE elaboradas y actualizadas periódicamente por un Grupo de Trabajo Técnico de la UPOV, y aprobadas por el Comité Técnico de la UPOV. Y este Comité puede incluir caracteres nuevos o adicionales.

Además, los miembros de la UPOV pueden elaborar Directrices de Examen nacionales, especialmente en el caso de nuevas especies o agrupaciones de variedades. Y, en estas Directrices nacionales, pueden incluirse caracteres nuevos o adicionales.

De hecho, las directrices de examen DHE han admitido caracteres especiales, que antes no se admitían, tales como:

– Marcadores bioquímicos y moleculares[132].

---

131 UPOV. *General Introduction to the Examination of DUS ...*

132 UPOV. *Guidance on the Use of Biochemical and Molecular Markers in the Examination of Distinctness, Uniformity, And Stability (DUS). Associated Document to the General Introduction to the Examination of Distinctness, Uniformity and Stability and the Development of Harmonized Descriptions of New Varieties of Plants.* (Document TG/1/3). Document adopted by the Council on October 25, 2020, by correspondence. Document TGP/15/3.
La detección de la resistencia a determinadas infecciones víricas del tomate (virus del mosaico del tomate - carácter 51 - y virus del bronceado del tomate - carácter 58), pueden examinarse mediante bioensayo o mediante análisis de marcadores de ADN (UPOV. *Guidelines for the Conduct of Tests for Distinctness, Uniformity and Stability. CITRUS L. - Group 2 Oranges.* págs. 49, 50, 60 y 61).
La comprobación de la esterilidad de los ejemplares masculinos (androesterilidad) se detecta mediante el uso de marcadores de ADN en las coles de Bruselas (carácter 21, UPOV. *Guidelines for the Conduct of Tests for Distinctness, Uniformity and Stability. Brussels Sprout.* (*Brassica oleracea* L. var. *gemmifera* DC.)

- Caracteres expresados en respuesta a factores externos (resistencia a enfermedades, resistencia a insectos, resistencia a herbicidas)[133].
- Caracteres basados en constituyentes químicos (electroforesis de proteínas), que se consideran útiles pero que podrían no ser suficientes por sí solos para establecer la distinción[134].

TG/54/7 Rev. ORIGINAL: English. DATE: 2004-03-31 + 2016-03-16, pág. 14), la col repollo (carácter 35, UPOV. *Guidelines for the Conduct of Tests for Distinctness, Uniformity and Stability. Cabbage* (Brassica oleracea L.: Brassica (White Cabbage Group); Brassica (Savoy Cabbage Group); Brassica (Red Cabbage Group)) TG/48/7 Rev. ORIGINAL: English. DATE: 2004-03-31+2016-03-16, pág. 24), y la coliflor (carácter 28, UPOV. *Guidelines for the Conduct of Tests for Distinctness, Uniformity and Stability. Cauliflower.* UPOV Code: BRASS_OLE_GBB. Brassica oleracea L. convar botrytis (L.) Alef. var. botrytis L. TG/45/7 Rev. ORIGINAL: English. DATE: 2009-04-01+2016-03-16, pág. 20). El análisis de marcadores de ADN (marcador de androesterilidad citoplasmática (CMS)) corresponde a una observación de tipo MS (medición de varias plantas o partes de plantas individuales). También puede examinarse en un ensayo de campo (con observación VG), especialmente si en el análisis de marcadores de ADN no se detecta la presencia del marcador de androesterilidad citoplasmática (CMS).

Aunque la descripción del método de examen de la androesterilidad en Brassica (marcador CMS) está amparada por el secreto comercial. La titular del mismo, Syngenta Seeds B. V., ha dado su consentimiento para que se utilice únicamente a los fines del examen de la distinción, la homogeneidad y la estabilidad (DHE) y de la elaboración de descripciones de variedades por la UPOV y las autoridades de los miembros de la UPOV.

133 UPOV. *Guidance on Certain Physiological Characteristics. Associated Document to the General Introduction to the Examination of Distinctness, Uniformity and Stability and the Development of Harmonized Descriptions of New Varieties of Plants (document TG/1/3), adopted by the Council at its forty-sixth ordinary session on November 1, 2012,* Document TGP/12, págs. 3-12. Como la resistencia a determinadas infecciones en las directrices DHE del pepino y el pepinillo (UPOV. *Guidelines for the Conduct of Tests for Distinctness, Uniformity and Stability. Cucumber, Gherkin.* UPOV Code: CUCUM_SAT *Cucumis sativus* L. TG/61/7 Rev. 2 Corr. 2 Cucumber, Gherkin, 2007-03-28 + 2014-04-09 + 2015-03-25 + 2016-08-11 + 2019-03-13, págs. 27 a 38), o del guisante (UPOV. *Guidelines for the Conduct of Tests for Distinctness, Uniformity and Stability. Pea,* págs. 35 a 43), entre otras muchas.

134 UPOV. *Guidance on Certain Physiological Characteristics...*, pág. 13.

6.4 Requisitos para poder considerar el contenido nutricional como carácter adicional de una variedad, según el sistema UPOV

Para la introducción de un nuevo carácter, el documento de la UPOV *Orientación sobre ciertos caracteres fisiológicos*, adoptado por el Consejo en su cuadragésima sexta sesión ordinaria el 1 de noviembre de 2012, documento TGP/12, como documento asociado a la *Introducción general al examen de la distinción, la homogeneidad y la estabilidad y a la elaboración de descripciones armonizadas de las obtenciones vegetales* (documento TG/1/3), no incluye expresamente el contenido nutricional como posible nuevo carácter, pero puede servirnos como una guía útil para intentar incluir el contenido nutricional en los exámenes DHE[135].

En este documento se concretan más los requisitos básicos que debe cumplir un carácter basado en la reacción a un factor externo antes de ser utilizado para el examen DHE o para producir una descripción de variedad[136]. Aunque el contenido nutricional no es un factor externo en sí mismo, sí depende de factores externos, ya que será diferente según el suelo en que se planten o siembren las variedades vegetales, los nutrientes que se aporten a las mismas, el régimen de insolación, el de riego, el de maduración, etc. Por ello, entendemos que la delimitación del contenido nutricional como carácter debería tener en cuenta que la expresión del mismo depende de dichos factores externos. En consecuencia, la determinación del carácter debe tener en cuenta que:

a) resulta de un determinado genotipo o combinación de genotipos, para lo que es importante conocer la naturaleza del control genético que se realice.

---

135 Este mismo enfoque ha adoptado VIVES-VALLÉS para proponer la inclusión de la tolerancia a la sequía como carácter en los exámenes DHE. VIVES-VALLÉS, J. A. "Obtenciones vegetales: análisis sobre la viabilidad de la inclusión de caracteres de tolerancia a la sequía en los exámenes DHE realizados al amparo del sistema de la UPOV", en *Indret*, 2021, nº 1. DOI: 10.31009/InDret.2021.i1.04, pág. 128.

136 UPOV. *Guidance on Certain Physiological Characteristics…*, pág. 4.

b) sea suficientemente consistente y repetible en un medio ambiente particular, para lo que es importante:

(i) estandarizar, en la medida de lo posible, las condiciones de campo, invernadero o laboratorio, según corresponda, y la metodología utilizada;

(ii) validar la metodología, por ejemplo, mediante *ring tests*; y

(iii) los requisitos clave deberían establecerse en un protocolo.

c) presenta suficiente variación entre variedades para poder establecer la distinción, debiendo describirse las respuestas y los estados de expresión de las características.

(d) es capaz de una definición y reconocimiento precisos, en su respuesta frente a un factor externo,

(i) factor externo que debería definirse y caracterizarse claramente (por ejemplo, sustancia química, etc.);

(ii) el tipo de respuesta al factor y estados de expresión adecuados (por ejemplo, resistente) (característica cualitativa); o niveles de resistencia/susceptibilidad (característica cuantitativa o pseudocualitativa), que deben definirse claramente.

e) permite cumplir los requisitos de uniformidad. Estos requisitos de uniformidad deben ser, para las características basadas en la respuesta a factores externos, los mismos que para otras características. En particular, el método debe permitir el examen de plantas individuales.

f) permite cumplir los requisitos de estabilidad, es decir, que produce resultados consistentes y repetibles después de repetidas propagaciones o, cuando proceda, al final de cada ciclo de propagación. Los requisitos de estabilidad para las características basadas en la respuesta a factores externos son los mismos que para otras características.

Teniendo en cuenta estos precedentes, el contenido nutricional puede considerarse una característica adicional, si puede definirse bien y existe un método apropiado establecido para su examen, para ser incluido en un examen DHE. Es decir, si:

a) existe alguna posibilidad de vincular el contenido nutricional (de la falta de algunos nutrientes, como "sin gluten") "*de un determinado genotipo o combinación de genotipos*". Realmente no es necesaria la consideración de "*resultados de un determinado genotipo o combinación de genotipos*"[137], dado el carácter no obligatorio de estas orientaciones[138]. Sin embargo, no es imposible asociar algunas características nutricionales con genes particulares.

(b) "*es suficientemente consistente y repetible en un entorno particular*". Para ello, es relevante (y fácilmente factible) crear una metodología estandarizada, validada y protocolizada.

c) "*muestra variación suficiente entre variedades para poder establecer la distinción*". Es fácilmente implementable, ya que los estados de expresión son fácilmente medibles y los resultados pueden expresar las variaciones, como ha ocurrido cuando los nutrientes de las plantas comestibles y sus frutos se han medido como alimentos. Dichas características sólo deben utilizarse como complemento de otras diferencias en las características morfológicas o fisiológicas. La UPOV vuelve a confirmar que estos caracteres se consideran útiles pero que podrían no ser suficientes por sí solos para establecer la distinción.

(d) "*es capaz de una definición y reconocimiento precisos*". Medir el contenido nutricional no parece una tarea difícil ya que podemos encontrar en países que han medido estos datos nutricionales desde hace mucho tiempo (Ciqual en Francia, *United States Department of Agriculture —USDA—* en Estados Unidos…)[139].

e) "*permite cumplir los requisitos de uniformidad*". Los requisitos de uniformidad para las características basadas en la respuesta a factores externos son los mismos que para otras características. En particular, el método "*debe permitir el examen de plantas individuales*". Quizás, el arduo trabajo de la creación de estas guías será calcular qué parte de los datos nutricionales o del sabor se debe a la naturaleza de la variedad, y qué parte depende del clima, el suelo o las prácticas agrícolas.

---

137 VIVES-VALLÉS, J. A *Indret*, 2021, nº 1, pág. 130.

138 GARCÍA VIDAL, A. "Capítulo 8: Los requisitos de la distinción, la homogeneidad y la estabilidad", en GARCÍA VIDAL, Á. (ed.) *Derecho de las obtenciones vegetales*. Ed. Tirant lo Blanch. Valencia. 2017; pág. 355.

139 Sobre los distintos métodos de medición. GREENFIELD, H., SOUTHGATE, D.A.T. *Données sur la composition des aliments. Production, Gestion et Utilisation*. Éditeurs techniques: Burlingame, B. A.; Charrondière, U. R. Organisation des Nations Unies pour l'alimentation et l'agriculture (FAO), 2007, Rome, pág. 107 y siguientes.

f) "*permite cumplir los requisitos de estabilidad, lo que significa que produce resultados consistentes y repetibles después de repetidas propagaciones o, cuando corresponda, al final de cada ciclo de propagación*". La metodología de los estudios realizados por las agencias nacionales de alimentos puede usarse como modelo para acreditar el contenido nutricional de una variedad después de la propagación y al final de la propagación.

6.5 El uso de la electroforesis y otros métodos para la inclusión del contenido nutricional como carácter adicional de una variedad, según el sistema UPOV

La Sección II del documento se refiere a la posible inclusión de caracteres configurados por los componentes químicos de la variedad vegetal, detectados mediante procedimientos de electroforesis de proteínas. Se trata de una posibilidad que es especialmente relevante cuando pretendemos incorporar como carácter alguno de los contenidos nutricionales de la variedad (o un conjunto de los mismos). Y ello porque los alimentos se pueden describir y diferenciar no solo por su aspecto exterior, color, sabor, etc., sino que también pueden definirse por sus componentes químicos. Además, la electroforesis es solo uno de varios métodos de análisis de los componentes químicos de los alimentos. Así, si los caracteres configurados por los componentes químicos de la variedad vegetal, detectados mediante procedimientos de electroforesis de proteínas, han sido admitidos por la UPOV, la lógica nos indica que la UPOV debería poder admitir como caracteres los configurados por los componentes químicos de la variedad vegetal, que pueden describirse asimismo como contenidos alimenticios, como las vitaminas, y que sean detectados mediante otros procedimientos. Siendo conservadores, las reglas que deberían seguirse para el reconocimiento de dichos caracteres, serán las mismas que han permitido la inclusión de caracteres configurados por los componentes químicos de la variedad vegetal, detectados mediante procedimientos de electroforesis de proteínas.

Así, la Sección 4.6.2 de la *Introducción general al examen de la Distinción, la Homogeneidad y la Estabilidad y a la elaboración de descripciones ar-*

monizadas de las obtenciones vegetales[140], reconoce esta posibilidad cuando dice: "*Podrán aceptarse los caracteres basados en componentes químicos, siempre y cuando satisfagan los criterios que se especifican en el Capítulo 4.2*".[141].

Añade: "*Es importante que estos caracteres estén bien definidos y que se establezca un método adecuado para el examen*".

Con todo, estos caracteres deberán considerarse incluirse en una categoría especial, siguiendo el criterio de la UPOV, pues solo podrán ser considerados caracteres adicionales, y no podrán, por sí mismos, ser considerados como fundamentales para justificar la distinción de una variedad vegetal. Así, la sección 2 del documento TGP/12, "Caracteres especiales"[142], detalla que:

---

140 UPOV. *General Introduction to the Examination of DUS* ..., pág. 12.

141 Que establece:
"*4.2 Selección de los caracteres*
4.2.1 Los requisitos básicos que un carácter debería satisfacer antes de su utilización para el examen DHE o para elaborar la descripción de la variedad consisten en que su expresión:
a) resulta de un cierto genotipo o de una cierta combinación de genotipos (este requisito se especifica en el Artículo 1.vi) del Acta de 1991 del Convenio de la UPOV, pero constituye un requisito básico en todos los casos);
b) es lo suficientemente consistente y repetible en un medio ambiente particular;
c) muestra una variación suficiente entre las variedades que permite establecer la distinción;
d) puede definirse y reconocerse con precisión (este requisito se especifica en el Artículo 6 de las Actas de 1961/1972 y 1978 del Convenio de la UPOV, pero constituye un requisito básico en todos los casos);
e) permite que se cumplan los requisitos sobre la homogeneidad;
f) permite que se cumplan los requisitos sobre la estabilidad, es decir, produce resultados consistentes y repetibles después de cada reproducción o multiplicación repetida o, en caso necesario, al final de cada ciclo de reproducción o multiplicación.
4.2.2 Cabe observar que no existe ningún requisito que exija que el carácter tenga valor o utilidad comercial. No obstante, si un carácter que tiene valor o utilidad comercial satisface todos los criterios para su inclusión, podrá considerarse en la manera habitual.
4.2.3 En el párrafo 4.8, "Ordenamiento funcional de los caracteres por categorías", y en el documento TGP/7, "Elaboración de las Directrices de Examen", se establecen otros criterios para la inclusión de los caracteres en las Directrices de Examen. Los caracteres incluidos en las Directrices de Examen individuales no son obligatoriamente exhaustivos y, en caso de que se considere útil y se satisfagan las condiciones expuestas anteriormente, podrían incorporarse caracteres adicionales". UPOV. *General Introduction to the Examination of DUS* ..., pág. 10.

142 UPOV. *Guidance on Certain Physiological Characteristics*..., pág. 16.

"En cuanto a los caracteres de proteínas obtenidos mediante electroforesis, la UPOV ha decidido publicarlos en un anexo de las directrices de examen, creando de este modo una categoría especial de caracteres, puesto que la mayoría de los miembros de la Unión opina que no es posible establecer la distinción únicamente sobre la base de la diferencia hallada en un carácter obtenido mediante electroforesis. Por consiguiente, se deberán emplear esos caracteres solamente como complemento de otras diferencias en caracteres morfológicos o fisiológicos. La UPOV confirma que esos caracteres se consideran útiles pero que, aisladamente, no pueden ser suficientes para establecer la distinción. No se deben emplear como caracteres de manera sistemática, sino a petición del solicitante de la variedad objeto de la solicitud o una vez obtenido su acuerdo"[143].

Además, "3. Para que los caracteres de proteínas obtenidos mediante electroforesis sean incluidos en un anexo de las directrices de examen, es necesario:

a) establecer el control genético de la proteína o proteínas en cuestión; y

b) especificar un método apropiado para el examen"[144].

---

143 Texto que se ha reproducido, casi literalmente, en los Anexos de las guías de examen DHE de la cebada, el girasol, el trigo, y el maíz. Así, la UPOV ha publicado, en un anexo de cada una de dichas directrices, una categoría especial de caracteres, basados en proteínas de conservación obtenidos por electroforesis, y han incluido una descripción del método que debe emplearse. UPOV. *Guidelines for the Conduct of Tests for Distinctness, Uniformity and Stability. Barley.* UPOV Code(s): HORDE_VUL Hordeum vulgare L. TG/19/11 ORIGINAL: English DATE: 2018-09-20. https://www.upov.int/edocs/tgdocs/en/tg019.pdf, Anexo pág. 1 y siguientes; UPOV. *Guidelines for the Conduct of Tests for Distinctness, Uniformity and Stability. Sunflower.* Código(s) UPOV: HLNTS_ANN Helianthus annuus L. TG/81/7 ORIGINAL: Inglés FECHA: 2023-08-31. Annex, pág. 2 del Anexo, UPOV, 2009, p. 47; UPOV. *Guidelines for the Conduct of Tests for Distinctness, Uniformity and Stability. Wheat.* UPOV Code(s): TRITI_AES Triticum aestivum L. emend. Fiori et Paol. TG/3/12 Rev. ORIGINAL: English DATE: 2017-04-05 + 2022-10-25 https://www.upov.int/edocs/tgdocs/en/tg003.pdf, pág. 1 Annex. UPOV. *Guidelines for the Conduct of Tests for Distinctness, Uniformity and Stability. Maize.* UPOV Code: ZEAAA_MAY Zea mays L. TG/2/7 ORIGINAL: Inglés DATE: 2009-04-01. Annex, p. 47 y siguientes. https://www.upov.int/edocs/tgdocs/en/tg002.pdf.

144 UPOV. *Guidance on Certain Physiological Characteristics…*, pág. 13.

En las Directrices de examen de gramíneas como la cebada[145], del maíz[146], y del trigo[147], figuran ejemplos de caracteres de proteí-

---

145 UPOV. *Guidelines for the Conduct of Tests for Distinctness, Uniformity and Stability. Barley*. Anexo pág. 1 y siguientes. El Anexo incluye la lista de los caracteres basados en marcadores de hordeínas obtenidos por electroforesis, un resumen del método: "*Para analizar las hordeínas, se recomienda realizar una electroforesis en gel de poliacrilamida en presencia de dodecilsulfato de sodio (SDS PAGE). Las hordeínas están codificadas por tres locus complejos denominados Hor-1, Hor-2 y Hor-3, que se encuentran en el cromosoma 5 (Hor-1 y Hor-2 en el brazo corto y Hor-3 en el brazo largo). Es posible identificar varios alelos en cada locus, y el análisis de las hordeínas se basa en el reconocimiento de estos alelos por las proteínas que aparecen en el gel como una serie de bandas o grupos de bandas bien definidos. Los locus codifican diferentes grupos de proteínas susceptibles de separación por electroforesis, conocidas como hordeínas B, C y D por orden decreciente de movilidad. Los alelos de cada locus pueden designarse mediante letras o números o una combinación de ambos. También es posible determinar la movilidad electroforética relativa de cada una de las bandas. En el caso de que solo sean de interés las hordeínas C (Hor-1) y B (Hor-2), se puede emplear el método patrón de referencia PAGE ácido de la Asociación Internacional para el Ensayo de Semillas (ISTA)*".

146 UPOV. *Guidelines for the Conduct of Tests for Distinctness, Uniformity and Stability. Maize*. Annex, pág. 47. El Anexo incluye una lista de los caracteres basados en marcadores de isozimas obtenidos por electroforesis, así como una descripción del método que debe emplearse: "*Para el análisis de las isozimas se recomienda la electroforesis en gel de almidón. Por este procedimiento puede detectarse el polimorfismo enzimático (es decir, 16 loci enzimáticos). Se conoce el control genético de cada locus enzimático*". Para la descripción del método y la interpretación genética de los zimogramas se remite al boletín técnico de Stuber, Wendel, Goodman y Smith, 1988, y el manual técnico de Grenèche y Giraud, 1994. Los alelos se describen por número de bandas, según la definición de Cardy, Stuber, y Goodman, 1980, (todas las referencias incluidas en el capítulo IX del anexo: Bibliografía).

147 UPOV. *Guidelines for the Conduct of Tests for Distinctness, Uniformity and Stability. Wheat*. pág. 1 Annex. El Anexo recomienda recomienda practicar "*la electroforesis con gel de poliacrilamida en presencia de dodecilsulfato de sodio (SDS PAGE)*", *para analizar las gluteninas de elevado peso molecular (HMW). Pero admite que "puede emplearse cualquier otro método alternativo con el que se obtengan los mismos resultados"*. Seguidamente señala los caracteres analizados con referencias bibliográficas y desarrolla la metodología: "*Las gluteninas están codificadas en tres loci complejos, conocidos como Glu-A1, Glu-B1 y Glu-D1, ubicados en los brazos largos de cromosomas del grupo 1 (Payne, 1987). Se pueden identificar varios alelos por cada locus, y el análisis de las gluteninas de elevado peso molecular se basa en el reconocimiento de estos alelos por las proteínas, que aparecen en el gel como una serie de bandas o grupos de bandas bien definidos. Los alelos están descritos por números de bandas de conformidad con la definición dada por Payne y Lawrence en 1983 (véase el capítulo IX, Bibliografía). Las letras correspondientes y los pesos moleculares aparentes figuran en la descripción del método empleado*".

nas obtenidos mediante electroforesis. En los respectivos anexos de dichas Directrices describen los métodos que deben emplearse para el examen de las variedades mediante electroforesis. Se concreta el material y equipo, los productos químicos que deben usarse, las soluciones de extracción, migración y de preparación del gel y las de coloración, el procedimiento que debe seguirse (en la extracción de las proteínas, la preparación de los geles, la electroforesis y la fijación y coloración), y, finalmente, en el reconocimiento e interpretación de los resultados.

Además de la electroforesis, podemos encontrar otros métodos que están igualmente definidos y se usan no solo en la determinación del contenido nutricional de los alimentos, sino que también pueden ser utilizados en la detección de componentes químicos característicos de una variedad vegetal, y que se pueden usar en la detección de caracteres adicionales, complementarios de los distintivos de la variedad. Por ejemplo, métodos de cromatografía líquida de alta eficacia (*High-performance liquid chromatography* - HPLC) ha sido a usado en las Directrices DHE de la cebada[148], la vainilla (con remisión a los estándares ISO)[149], y en un proyecto de modificación de las directrices DHE del té (desde 2009)[150], y el HPCL en combinación con

---

148 UPOV. *Guidelines for the Conduct of Tests for Distinctness, Uniformity and Stability. Barley.* UPOV Code(s): HORDE_VUL Hordeum vulgare L. TG/19/11 ORIGINAL: English DATE: 2018-09-20, Annex, págs. 32 y siguientes.

149 UPOV. *Guidelines for the Conduct of Tests for Distinctness, Uniformity and Stability. Vanilla.* UPOV Codes: VANIL_PLA; VANIL_POD; VANIL_PBA; VANIL_PPO; VANIL_PPH; VANIL_PTA. *Vanilla planifolia* Jacks.; *Vanilla planifolia* Jacks. x *Vanilla odorata; Vanilla planifolia* Jacks. x *Vanilla bahiana; Vanilla planifolia* Jacks. x *Vanilla pompona; Vanilla planifolia* Jacks. x *Vanilla phaeantha; Vanilla planifolia* Jacks. x *Vanilla tahitensis.* TG/303/1. ORIGINAL: English. DATE: 2014-04-09, pág. 18. Se utiliza el método HPCL para determinar el contenido de vanillina y alcohol anisílico. Literalmente: "*High performance liquid chromatography (HPLC) analysis. The vanillin and anisic alcohol contents of each extract are determined by HPLC according to the method ISO 5565-2:1999 (http://www.iso.org)*".

150 El análisis incluía la medición del contenido de cafeína y su calificación como: ausente o muy bajo-medio-alto-muy alto: "Ad. *35: Caffeine content: The measurement of caffeine content should be made using the "two and a bud" samples harvested from the first flush of the year. After harvesting, the shoots should be dried immediately by 120-125°C hot air and storage at room temperature till they are analyzed. Method ISO 10727:1995 'Tea and instant tea in solid form – Determination of caffeine content – Method using high-performance liquid chromatography' should be used. absent or very low*

otros, como la espectrometría de masas (*mass spectrometry* - MS), en las Directrices DHE del opio[151].

Otros métodos de medición poco a poco se van incorporando a las Directrices DHE de las respectivas variedades vegetales examinada: *Capillary electrophoresis fragment analysis*[152], SSR (*simple sequence repeat* y *short tandem repeat*)[153], SNP (*Single Nucleotide Polymorphism*)[154], TaqMan (sondas de hidrólisis diseñadas para incrementar la especifi-

---

≤0.5% low 0.6-2.0% medium 2.1-3.5% high 3.6-5.0% very high >5.0%". UPOV. *Guidelines for the Conduct of Tests for Distinctness, Uniformity and Stabilit. Tea.* UPOV code: CMLIA_SIN Camellia sinensis (L.) O. Kuntze. TG/238/1 Corr. ORIGINAL: English DATE: 2008-04-09 + 2009-01-20, pág. 22.

151 Se usó el método HPLC y detección MS para la determinación del contenido de morfina, codeína, tebaína, paraverina y narcotina contenidos en la cápsula de la amapola del opio. UPOV. *Guidelines for the Conduct of Tests for Distinctness, Uniformity and Stability. Opium/Seed Poppy.* UPOV Code: PAPAV_SOM. *Papaver somniferum* L. TG/166/4(proj.4). ORIGINAL: English. DATE: 2013-03-01, pág. 21-23.

152 Citado en la *Orientación sobre el uso de marcadores bioquímicos y moleculares en el examen de la Distinción, la Homogeneidad y la Estabilidad (DHE).* (UPOV. *Guidance on the Use of Biochemical and Molecular Markers in the Examination of Distinctness, Uniformity, And Stability (DUS)...* pág. Anexo II, pág. 2.
Usado en el examen de la almendra, el albaricoque, pera, etc. (UPOV. *Molecular Techniques.* TWP/7/3. Date: April 19, 2023. Annex - Initial Survey Results 2020, update 2022 (xls Document) https://www.upov.int/meetings/es/doc_details.jsp?meeting_id=75229&doc_id=606511).

153 Aplicado para determinar la distancia molecular entre variedades (UPOV. *Possible use of molecular markers in the examination of distinctness, uniformity and stability (DUS), adopted by the Council at its forty-fifth ordinary session on October 20, 2011.* UPOV/INF/18/1).
Usado en el examen de la almendra, la manzana, el aguacate, la berenjena, etc. (UPOV. *Molecular Techniques...*), y para el maíz (UPOV. *Guidance on the Use of Biochemical and Molecular Markers in the Examination of Distinctness, Uniformity, And Stability (DUS)...* págs. 3, 4 y Anexo II).
Citado en UPOV. *Directrices para los perfiles de ADN: Selección de marcadores moleculares y creación de una base de datos ("directrices BMT").* UPOV/INF/17/2 Original: Inglés Fecha: 21 de septiembre de 2021, pág. 5, 8 y Anexo II.

154 Citado en las UPOV. *Directrices para los perfiles de ADN: Selección de marcadores moleculares y creación de una base de datos ("directrices BMT")*, pág. 8.

cidad de la PCR cuantitativa)[155], PCR (*Polymerase Chain Reaction*)[156], o la GC (*Gas Chromatography*)[157].

Otros métodos se han usado en la determinación de la composición nutricional y que podrían ser útiles en la diferenciación de variedades vegetales de una misma especie, pero que no han sido reconocidos en las directrices de la UPOV sobre examen DHE de ninguna variedad vegetal: NIRS (*Near infrared spectroscopy*)[158], entre otros.

Así, hasta ahora, algunas Directrices DHE han incorporado caracteres proteicos como elementos formadores del gluten (hordeínas en la cebada, gluteninas en el trigo), o del almidón (amilosa en

155 Para el examen del Carácter 53 de las Directrices DHE de la lechuga (Resistencia al *Lettuce mosaic virus*) se usa el método Taqman. UPOV. *Guidelines for the Conduct of Tests for Distinctness, Uniformity and Stability. Lettuce*, pág. 33.

156 Para determinar el carácter 51 (resistencia al virus del mosaico del tomate) y el 58 (resistencia al virus del bronceado del tomate), en el tomate. UPOV. *Guidelines for the Conduct of Tests for Distinctness, Uniformity and Stability. Tomato*... pág. 50 y 60.

157 Se ha usado la cromatografía para determinar el contenido nutricional (LEHOTAY, Steven J., HAJ_LOVÁ, Jana. "Application of gas chromatography in food analysis", en *TrAC Trends in Analytical Chemistry*, Volume 21, Issues 9-10, 10 September 2002, págs. 686-697. https://www.sciencedirect.com/science/article/abs/pii/S0165993602008051), y para diferenciar tres distintas variedades de agaves (PEÑA-ALVAREZ, A., L., MEDINA, A., LABASTIDA, C., CAPELLA, S., VERA, L. E. "Characterization of three agave species by gas chromatography and solid-phase microextraction-gas chromatography-mass spectrometry", *J Chromatogr A*. 2004 Feb 20;1027(1-2):131-6. doi: 10.1016/j.chroma.2003.10.082, pág. 131).
Se usa en los exámenes DHE de la (UPOV. *Guidelines for the Conduct of Tests for Distinctness, Uniformity and Stability. Chamomile.* UPOV Code: MATRI_REC *Matricaria recutita* L. TG/152/4 ORIGINAL: English DATE: 2008-04-09, págs. 9 y 12), o del cáñamo: Carácter 13 (con asterisco) (UPOV. *Guidelines for the Conduct of Tests for Distinctness, Uniformity and Stability. Hemp.* UPOV Code: CANNB_SAT. *Cannabis sativa L.* TG/276/1 Rev. ORIGINAL: English. DATE: 2012-03-28 + 2021-10-26, pág. 11 y 16). "*El método utilizado para determinar el contenido en THC se basa en la determinación cuantitativa del Δ9 -tetrahidrocannabinol por cromatografía de gases previa extracción mediante un disolvente adecuado*".

158 El NIRS se usa para la medición del contenido proteico y de la materia seca de variedades usadas para pasto. BUNDESSORTENAMT (Federal Plant Variety Office). *Plant Breeders' Rights and National Listing*, March, 2017, Paderborn, Germany. https://www.bundessortenamt.de/bsa/media/Files/BroschuereBSA_engl.pdf, pág. 31.

el arroz)[159], enzimas (isozimas en el maíz), alcaloides (la cafeína en el café)[160], aromatizantes (vanilina y alcohol anisílico en la vainilla), aceites esenciales (el (-)α-bisabolol en la manzanilla)[161], ácidos (ácido clorogénico en el café[162], el ácido erúcico en la mostaza blanca[163], y en la colza[164], o el THC en el cáñamo)[165], azúcares (sacarosa o sucrosa en el café)[166], la

---

159 Carácter 26 (con asterisco) (UPOV. *Guidelines for the Conduct of Tests for Distinctness, Uniformity and Stability. Rice*, págs. 9 y 21). "*El contenido de amilosa del endospermo deberá determinarse mediante la reacción cromática con yodo conforme a la norma ISO 6647. Con un espectrofotómetro, se mide la absorbancia del complejo amilosa-yodo del almidón del endospermo, formado por la reacción cromática con yodo. La fracción en masa de amilosa de la muestra se determina a partir de un gráfico de calibración que se prepara utilizando mezclas de amilosa de patata y amilopectina, con las que se imita el efecto de la amilopectina en el color del complejo amilosa-yodo*".

160 Carácter 25 (UPOV. *Guidelines for the Conduct of Tests for Distinctness, Uniformity and Stability. Coffee*, págs. 12 y 18). CLIFFORD, M. N.; OHIOKPEHAI, O.; MENEZES, H. C. *11th International Scientific Colloquium on Coffee-ASIC.* (1985) Vol. 1, págs. 252-262; pág. 252.

161 Carácter 12 (UPOV. *Guidelines for the Conduct of Tests for Distinctness, Uniformity and Stability. Chamomile.* págs. 9 y 12). "*El extracto oleoso se obtiene sometiendo 30g. de títulos secos a destilación por vapor. La concentración de alfa bisabolol se determinará mediante cromatografía de gases*".

162 Carácter 27 (UPOV. *Guidelines for the Conduct of Tests for Distinctness, Uniformity and Stability. Coffee*, págs. 12 y 18).

163 Carácter 1 (con asterisco) (UPOV. *Guidelines for the Conduct of Tests for Distinctness, Uniformity and Stability.* White Mustard. (Sinapis alba L.). TG/179/3, 2001-04-04, pág. 6 y 11). El contenido en ácido erúcico de la semilla de mostaza blanca "*se deberá expresar en porcentaje de masa de alcohol éster de acuerdo con las normas que establece la ISO en el documento 5508, párrafo 6.2.2.1. Las semillas que contengan un 2% o menos de ácido erúcico se clasificarán como "ausente"*".

164 UPOV. *Guidelines for the Conduct of Tests for Distinctness, Uniformity and Stability. Rape Seed.* (Brassica napus L. oleifera). TG/36/6 Corr. ORIGINAL: English. DATE: 1996-10-18 + 2002-04-17, pág. 11.

165 Carácter 13 (con asterisco) (UPOV. *Guidelines for the Conduct of Tests for Distinctness, Uniformity and Stability. Hemp*, pág. 11 y 16).

166 Carácter 26 (UPOV. *Guidelines for the Conduct of Tests for Distinctness, Uniformity and Stability. Coffee*, págs. 12 y 18).
ROGERS, W. J.; MICHAUX, S., BASTIN, M.; BUCHELI, P. "Changes to the content of sugars, sugar alcohols, myo-inositol, carboxilic acids and inorganic anions in developing grains from different varieties of Robusta (Coffea canephora) and Arabica (Coffea arabica) coffees". *Plant Science*, Volume 149, Issue 2, 3 December 1999, págs. 115-123. https://www.sciencedirect.com/science/article/abs/pii/S0168945299001478, pág. 115.

capsaicina (en el chile y el pimiento)[167], o taninos (en las habas[168], y el sorgo)[169]. Algunos de ellos, podríamos calificarlos de nutrientes, como la sacarosa, otros, como el ácido erúcico de la colza, son perjudiciales antinutrientes, por lo que debe reducirse su ingestión, otros, como la hordeína o la glutenina, necesarios para formar el gluten, que afecta a los celíacos, aunque en ningunas de las Directrices de examen DHE los califique así expresamente.

En todos estos casos, y algunos más, los caracteres que hemos enumerado son caracteres esenciales o estándares, sin y con asterisco. Sentados estos precedentes, no vemos, por tanto, que haya un obstáculo para que otros rasgos relacionados con el contenido nutricional, o que sean rasgos nutricionales en sí mismos, tales como el contenido vitamínico de una determinada variedad, puedan incorporarse progresivamente a los análisis DHE como caracteres.

En principio, podrían incluirse como caracteres adicionales, configurados por los componentes químicos de la variedad vegetal, me-

---

167 UPOV. *Guidelines for the Conduct of Tests for Distinctness, Uniformity and Stability. Sweet Pepper, Hot Pepper, Paprika, Chili.* UPOV Code: CAPSI_ANN *Capsicum annuum* L. TG/76/8 Rev. 2. ORIGINAL: English. DATE: 2006-04-05 + 2015-03-25 + 2018-09-20.

168 Carácter 1. UPOV. *Guidelines for the Conduct of Tests for Distinctness, Uniformity and Stability. Broad bean.* (Vicia faba L. var. major Harz). TG/206/1. ORIGINAL: English. DATE: April 9, 2003, pág. 15. El tanino del haba se mide con un reactivo. "*El contenido en tanino de la testa se corresponde con la mancha de melanina de la quilla de la flor. Es necesario mantener ambos caracteres ya que las observaciones se efectúan en épocas y momentos muy diferentes. El contenido en tanino puede evaluarse extrayendo una pieza de la testa de la semilla y colocando una a dos gotas del reactivo en su superficie interna. Transcurridos uno o dos minutos aparecerá un color rosa vivo en presencia de taninos. (Reactivos: A = 50% de etanol; B = 1% de vainillina en concentrado HC1; los reactivos A y B se mezclan en una proporción de 1:1 para su utilización. A los fines de este ensayo, "concentrado" se define como la gama que va del 33% al 37% del peso por el volumen.) Las semillas que presentan un color gris amarillento inmediatamente después de la cosecha se convertirán en marrones con el paso del tiempo si contienen tanino*".

169 Carácter 33. (UPOV. *Guidelines for the Conduct of Tests for Distinctness, Uniformity and Stability. Sorghum.* UPOV Code: SRGHM_BIC; SRGHM_DRU. Sorghum bicolor (L.) Moench; Sorghum ×drummondii (Steud.) Millsp. & Chase. TG/122/4 ORIGINAL: English. DATE: 2015-03-25, págs. 14 y 20). Se usa el método de la lejía para determinar el contenido de taninos del sorgo.

dibles con estos sistemas de electroforesis, HPCL, etc., que ya hemos mencionado.

Estos mismos métodos utilizados en los exámenes DHE, se utilizan también para determinar el contenido nutricional de los alimentos. Actualmente, el método HPCL se usa para la medición tanto de las vitaminas hidrosolubles,[170] como de las hidrosolubles[171], los ácidos grasos,[172] etc., es decir, para la medición de contenidos nutricionales de alimentos y piensos, en especial, en combinación con otros, como el MS (*Mass Spectrometry*)[173].

Análogamente, deberían cumplir con los requisitos que se exigen a los detectados mediante procedimientos de electroforesis de proteínas: primero, establecer el control genético del carácter en cuestión (sea proteico o de otro tipo), segundo, especificar un método apropiado para el examen"[174].

6.6 *Procedimiento para incorporar contenido nutricional como carácter adicional, de acuerdo con la UPOV*

Para incluir todo o parte del contenido nutricional de una variedad vegetal como carácter adicional en la correspondiente Directriz para la ejecución de su respectivo examen DHE, será necesario seguir el procedimiento establecido por la UPOV.

La sección 4.2.3 de la *Introducción General al examen de la distinción, la homogeneidad y la estabilidad y a la elaboración de descripciones armonizadas de las obtenciones vegetales*, afirma que: "*Los caracteres incluidos en las*

---

170 GREENFIELD, H., SOUTHGATE, D.A.T. *Données sur la composition des aliments…* pág. 140.

171 GREENFIELD, H., SOUTHGATE, D.A.T. *Données sur la composition des aliments…* pág. 149.

172 ARÉVALO AGUILAR, L. P. (2021) *Desarrollo y validación de un método analítico para determinar ácidos grasos oleico, palmítico y esteárico por HPLC en aceites vegetales.* Quito, 2021. http://www.dspace.uce.edu.ec/handle/25000/23565, pág. 116

173 CORTÉS-HERRERA, C., ARTAVIA, G., LEIVA, A., GRANADOS-CHINCHILLA, F. "Liquid Chromatography Analysis of Common Nutritional Components, in Feed and Food", in *Foods*, 2019, Jan; 8 (1): 1. https://www.ncbi.nlm.nih.gov/pmc/articles/PMC6352167/ Published online 2018 Dec 20. doi: 10.3390/foods8010001, pág. 43.

174 UPOV. *Guidance on Certain Physiological Characteristics…*, pág. 13.

Directrices de Examen individuales no son obligatoriamente exhaustivos y, en caso de que considere útil (...) podrán incorporarse caracteres adicionales"[175]. Utilidad que no se identifica con utilidad comercial, sino con utilidad para el examen de la distinción, la homogeneidad y la estabilidad y a la elaboración de descripciones armonizadas[176].

La finalidad de la existencia de dichos caracteres es la de:

– "*1. Identificar nuevos caracteres no incluidos en las Directrices de Examen que han sido utilizados por los Miembros de la Unión en el examen DHE y que deberían examinarse para su inclusión en las Directrices de Examen en el futuro*".

– "*2. Facilitar la armonización del desarrollo y utilización de nuevos caracteres y proporcionar la oportunidad de efectuar un examen pericial*".[177]

Procedimentalmente, dichos caracteres:

– "*2. Deben haber sido utilizados para establecer la distinción, la homogeneidad y la estabilidad en al menos un Miembro de la Unión*", *y, además,*

---

175 Además, deberán cumplir los requisitos de cualquier carácter, descritos en la sección 4.2.1:
"*4.2.1 Los requisitos básicos que un carácter debería satisfacer antes de su utilización para el examen DHE o para elaborar la descripción de la variedad consisten en que su expresión:*
a) resulta de un cierto genotipo o de una cierta combinación de genotipos (este requisito se especifica en el Artículo 1.vi) del Acta de 1991 del Convenio de la UPOV, pero constituye un requisito básico en todos los casos);
b) es lo suficientemente consistente y repetible en un medio ambiente particular;
c) muestra una variación suficiente entre las variedades que permite establecer la distinción;
d) puede definirse y reconocerse con precisión (este requisito se especifica en el Artículo 6 de las Actas de 1961/1972 y 1978 del Convenio de la UPOV, pero constituye un requisito básico en todos los casos);
e) permite que se cumplan los requisitos sobre la homogeneidad;
f) permite que se cumplan los requisitos sobre la estabilidad, es decir, produce resultados consistentes y repetibles después de cada reproducción o multiplicación repetida o, en caso necesario, al final de cada ciclo de reproducción o multiplicación". (UPOV. *General Introduction to the Examination of DUS* ..., pág. 10).

176 "*4.2.2 Cabe observar que no existe ningún requisito que exija que el carácter tenga valor o utilidad comercial. No obstante, si un carácter que tiene valor o utilidad comercial satisface todos los criterios para su inclusión, podrá considerarse en la manera habitual*". (UPOV. *General Introduction to the Examination of DUS* ..., pág. 10).

177 UPOV. *General Introduction to the Examination of DUS* ..., pág. 13.

– *"3. Deberían remitirse a la UPOV para su inclusión en el documento TGP/5, "Experiencia y cooperación en el examen DHE""*.[178]

Los caracteres adicionales pueden ser propuestos por el mismo obtentor en su solicitud. En las Directrices DHE correspondientes, se incluye un Cuestionario Técnico tipo, debe presentarse junto con la solicitud, donde se pregunta al obtentor sobre la existencia de caracteres adicionales que puedan contribuir a distinguir la variedad (pregunta 7).[179] En el Cuestionario Técnico propio de cada autoridad podrá solicitarse información adicional a la que se pide en el Cuestionario Técnico de las Directrices de Examen.[180] Al responderlo, el obtentor podría incluir la peculiaridad de su variedad desde el punto de vista nutricional, junto con el correspondiente método de examen.

Corresponderá a la autoridad de cada Miembro de la UPOV el aprobar o no la inclusión de dicho carácter adicional, siempre que se reúnan los requisitos sustantivos para que puedan ser considerados como caracteres.

Una vez introducidos en el examen DHE del Miembro de la UPOV, los caracteres adicionales deben notificarse al Grupo de Trabajo Técnico competente y/o remitirse a la UPOV[181]. Si se remiten a la UPOV, corresponderá a su Comité Técnico, decidir qué Grupo o Grupos de Trabajo Técnico se encargarán de analizar si es necesaria

---

178 UPOV. *General Introduction to the Examination of DUS* ..., pág. 13.

179 UPOV. *Development of Test Guidelines. Associated Document to the General Introduction to the Examination of Distinctness, Uniformity and Stability and the Development of Harmonized Descriptions of New Varieties of Plants.* (Document TG/1/3). Document adopted by the Council on October 25, 2020, by correspondence. TGP/7/8, Anexo 1. pág. 34.

180 UPOV. *Development of Test Guidelines. Associated Document to the General Introduction to the Examination of Distinctness, Uniformity and Stability and the Development of Harmonized Descriptions of New Varieties of Plants*, pág. 19.

181 UPOV. *Development of Test Guidelines. Associated Document to the General Introduction to the Examination of Distinctness, Uniformity and Stability and the Development of Harmonized Descriptions of New Varieties of Plants*, pág. 19.
Se presentará por medio del documento TGP/5, Sección 10. UPOV. *Experience and Cooperation in DUS Testing. Section 10: Notification of Additional Characteristics and States of Expression.* Adopted by the Council at its forty-eighth ordinary session on October 16, 2014. TGP/5: Section 10/3. ORIGINAL: English DATE: October 16, 2014. https://www.upov.int/edocs/tgpdocs/en/tgp_5_section_10.pdf, pág. 3.

la revisión de las directrices para, en su caso, incorporar los caracteres adicionales a las Directrices de examen DHE correspondiente.[182]

La notificación o remisión de las *propuestas relativas a caracteres y niveles de expresión adicionales notificados a la Oficina de la Unión por medio del documento TGP/5, Sección 10, serán presentadas al Grupo o Grupos de Trabajo Técnico correspondientes lo antes posible, junto con la información sobre el alcance de la utilización del carácter. Según corresponda, los caracteres se publicarán posteriormente en la página web de los redactores de las directrices de examen del sitio web de la UPOV (https://www.upov.int/resource/en/tg_drafters.html), conforme a los comentarios formulados por el (los) Grupo(s) de Trabajo Técnico correspondiente(s), o bien el (los) Grupo(s) de Trabajo Técnico podrá(n) iniciar una revisión total o parcial de las Directrices de examen de que se trate*"[183].

En este último caso, los Grupos de Trabajo Técnico elaborarán el proyecto de reforma de las directrices y lo presentarán ante el Comité Técnico, que lo transmitirá al Comité de Redacción Ampliado, para que lo revise. Finalmente, el Comité Técnico aprobará, en su caso,[184] las directrices, y armonizará su examen a nivel internacional[185].

Hasta que no exista pronunciamiento de la UPOV, los miembros de la Unión podrán indicar en los informes DHE que el carácter que figura en las respectivas directrices de examen difiere del que figura en las directrices de examen de la UPOV.[186]

---

182 UPOV. *Development of Test Guidelines. Associated Document to the General Introduction to the Examination of Distinctness, Uniformity and Stability and the Development of Harmonized Descriptions of New Varieties of Plants*, pág. 9.

183 UPOV. *Experience and Cooperation in DUS Testing. Section 10: Notification of Additional Characteristics and States of Expression*, pág. 3.

184 "*Cuando proceda, esos caracteres adicionales se incluirán en las directrices de examen de las diferentes autoridades, o podrán ser utilizados por cada autoridad sobre una base ad hoc cuando sea pertinente para el examen de una determinada variedad o de determinadas variedades*". UPOV. *Development of Test Guidelines. Associated Document to the General Introduction to the Examination of Distinctness, Uniformity and Stability and the Development of Harmonized Descriptions of New Varieties of Plants*, pág. 19.

185 UPOV. *Development of Test Guidelines. Associated Document to the General Introduction to the Examination of Distinctness, Uniformity and Stability and the Development of Harmonized Descriptions of New Varieties of Plants*, págs. 9 a15.

186 UPOV. *Development of Test Guidelines. Associated Document to the General Introduction to the Examination of Distinctness, Uniformity and Stability and the Development of Harmonized Descriptions of New Varieties of Plants*, pág. 19.

Una vez la UPOV aprobara dichos caracteres como adicionales y los incluyera en la Directriz DHE correspondiente, las directrices de examen propias de cada Miembro deben revisarse en consecuencia.[187]

De acuerdo con este procedimiento, nada impediría que algún contenido nutricional pudiera ser aprobado como carácter en el seno de una directriz DHE de un Miembro de la UPOV y que, sin embargo, no pasara a ser un carácter adicional para toda la UPOV. Ello no impediría que, a nivel nacional, conservara dicho carácter.

6.7 Posibles dificultades de aceptación de un carácter adicional por parte de la UPOV y argumentos para superarlas

La UPOV puede decidir, por varios motivos, no incorporar el carácter reconocido a nivel de un Miembro de la UPOV como carácter adicional.

- porque no reúna los requisitos propios de todo carácter, o no esté bien definido, de tal manera que no cumpla la función de distinguir una variedad de otra de la misma especie.
- porque entienda que el método para el examen no sea adecuado.
- porque no considere que sea pertinente, al menos por el momento, modificar, o crear, unas directrices de examen DHE, por no ser necesario para armonizar internacionalmente el examen DHE de dicha variedad: bien porque existan pocas solicitudes de modificación a nivel internacional, poco esfuerzo de fitomejoramiento, cuando pocas autoridades de los Miembros hayan recibido solicitudes, cuando haya pocas solicitudes extranjeras, por la poca importancia de los cultivos o especies, etc.[188]

---

187 UPOV. *Development of Test Guidelines. Associated Document to the General Introduction to the Examination of Distinctness, Uniformity and Stability and the Development of Harmonized Descriptions of New Varieties of Plants*, pág. 19.

188 Son criterios similares a los que se establecen como referencia para que el Comité Técnico establezca prioridades entre solicitudes de creación o revisión de Directrices de examen DHE. UPOV. *Development of Test Guidelines. Associated Document to the General Introduction to the Examination of Distinctness, Uniformity and*

Analicemos cada uno de ellos, dejando la primera para el final.

Respecto al método de examen, ya hemos visto que existen metodologías adecuadas para medir el contenido nutricional, que, además, en muchas ocasiones, son las mismas que ya han sido usadas para medir contenidos de nutrientes y antinutrientes concretos reconocidos como caracteres estándar e incluso caracteres con asterisco.

En cuanto a la pertinencia de la inclusión de los nutrientes como caracteres adicionales, depende esencialmente de factores económicos, que los obtentores se propongan incluir dichos contenidos nutricionales como caracteres de variedades, nuevas o no, que desarrollen mediante fitomejoramiento. Y ello porque, en la práctica, la iniciativa para la creación o modificación de las Directrices de examen DHE de las variedades suele tomarla el obtentor. Ello no impide que la autoridad de un Miembro pueda, por motivos políticos, como favorecer el cumplimiento de la Agenda 2030, iniciar procedimientos de oficio, o fomentar el fitomejoramiento con fines de mejora nutricional de las variedades.

En cuanto a que el contenido nutricional no cumpla con los requisitos propios de todo carácter, en especial, el de distinción, habrá que analizar caso por caso. En todo caso, incluir como carácter un contenido nutricional puede ayudar, aunque no sea decisivo, en el examen de distinción. Es decir, no es una característica que permita diferenciar nuevas variedades, que deberán diferenciarse exclusivamente por las características esenciales, pero sí puede servir como guía o procedimiento para poder realizar controles más rápidos y eficientes cuando se manejan un gran número de variedades. Por ejemplo, imaginemos una especie con 100 nuevas variedades y 1000 variedades ya registradas. Un examen completo de cada variedad nos obligaría a realizar un total de 100000 exámenes, en los que debería compararse carácter por carácter. Todo ello con el consiguiente coste económico y de tiempo. Una manera de reducir ambos costes es la de, en la comparación de cada una de las 100 nuevas variedades con las 1000 ya protegidas, descartar las variedades que son

Stability and the Development of Harmonized Descriptions of New Varieties of Plants, pág. 9.

claramente muy diferentes en la primera comparación. En cuanto al resto, se puede establecer una relación medible entre los caracteres morfológicos y el contenido nutricional (medido, por ejemplo, por eletroforesis o HPLC), de tal manera que se determine un umbral a partir del cual la diferencia de contenido nutricional suponga clara una diferencia morfológica. Así, en caso de superarse el umbral por parte de la nueva variedad, el examinador podría concluir la existencia de una clara diferencia morfológica entre la nueva variedad y otra ya registrada, ahorrando así el examen visual subjetivo. Este examen morfológico quedaría solo para las variedades que no superaran dicho umbral.

Ahora bien, configurar el contenido nutricional como carácter adicional implica no solamente que el solicitante de la variedad lo incluya como carácter adicional en la pregunta 7 del Cuestionario Técnico de su solicitud a la autoridad del Miembro de la UPOV, sino que también implica que esta autoridad estime oportuno considerar dicho rasgo como carácter adicional y lo incluya en la directriz nacional de examen DHE. Y, para que pueda ser considerado como carácter adicional por todos los miembros de la UPOV, e incluirse como tal, normalmente como anexo de la directriz de examen DHE correspondiente, deberá pasar por el procedimiento antes descrito, ser analizado por los Grupos de Trabajo competentes, pasar por el Comité de Redacción, y ser aprobado como tal por el Comité Técnico.

6.8 Sobre la obligatoriedad de la autoridad de examinar e incluir en la descripción el carácter adicional solicitado por el obtentor. El caso de la variedad de la cebolla "SK20", que no hace llorar

En ocasiones, la dificultad para que un determinado carácter pueda ser considerado como carácter adicional la encontrará el obtentor en el primer paso, la autoridad del Miembro de la UPOV. Así ocurrió en el caso relativo a la *Community Plant Variety Right No EU 58241*, denominación de la variedad, "SK20", especie: *Allium cepa* (Grupo Cepa)[189], en el que el obtentor solicitó una nueva variedad de cebolla que, entre otras características que la distinguían de otras cebollas, contaba con una característica adicional: "*low lachrimatory factor and pyruvic acid*", es decir, una cebolla que no hace llorar.

6.8.1 Los hechos. La exclusión del carácter adicional por la OCVV-CPVO

Los hechos del caso son los siguientes: House Foods Group Inc, solicitó la protección de la variedad de cebolla SK20 ante la Oficina Comunitaria de Variedades Vegetales (en adelante OCVV-CPVO), el 18 de diciembre de 2017. La solicitud de protección comunitaria de obtenciones vegetales recibió el número de expediente 2017/3314. El 23 de octubre de 2018 el obtentor recibió un informe preliminar favorable, El 14 de septiembre, la Oficina de Examen emitió un informe final sobre el examen DHE que resultó positivo, junto con la descripción de la variedad. El 21 de diciembre de 2020, el solicitante reclamó que el carácter "*low lachrimatory factor and pyruvic acid*", que había incluido en el punto 7.2 del Cuestionario Técnico, e incluido como una "*Additional Description of the Variety*" no había sido incluido en la descripción aceptada en el Informe Final, a pesar de que este era el principal carácter que buscaba el solicitante obtentor cuando creó la variedad. El 10 de abril de 2021, la OCVV-CPVO señaló que el examen del carácter adicional no había sido necesario porque el resultado del examen del resto de caracteres estándar era suficientemente concluyente y, de acuerdo con el Protocolo Técnico de la OCVV-CPVO no era necesario examinar dicho carácter adicional incluido por el solicitante. El 3 de marzo de 2021, la OCVV-CPVO entregó el certificado de obtención vegetal número CPVR EU 58241.

189 OCVV-CPVO. Decision of the Board of Appeal, Appeal Case A018/2021, of 1 July 2022. *House Foods Group v CPVO.* (SK20).

6.8.2 Los argumentos. ¿La claridad de la distinción examinada mediante caracteres morfológicos impide la inclusión de un carácter adicional?

El 1 de julio, el obtentor apeló porque no se había incluido el carácter adicional en la descripción. Alegó que el Reglamento (CE) nº 2100/94 del Consejo, de 27 de julio de 1994, relativo a la protección comunitaria de las obtenciones vegetales, en su artículo 6, no define los caracteres que deben ser tenidos en consideración en el examen DHE, y que el Reglamento debe interpretarse de acuerdo con los principios y las directrices basadas en la Convención de la UPOV. Según él, ello implica que debe ser posible añadir caracteres a los mencionados en el Protocolo Técnico, si estos son útiles para la distinción, siempre que cumplan las condiciones establecidas en la Introducción General al examen DHE (TG 1/3, 4.2.3). Afirma que el carácter "*low lachrimatory factor and pyruvic acid*" reúne los requisitos exigidos en el artículo 5.2 del Reglamento 2100/94, en el parágrafo 4.2 del TG 1/3, y que el punto III.6 del Protocolo Técnico y el artículo 83.3 del Reglamento 2100/94 establecen el derecho del solicitante a reclamar el examen de un carácter adicional que haya incluido en el Cuestionario Técnico o durante el examen, si está fundamentado en información técnica, y que pueda elaborarse el adecuado procedimiento de examen, siempre que dicho carácter sea útil para establecer la distinción. Insiste en que dicho carácter hace a la variedad "incluso más distinta que otras variedades conocidas", que es de un alto valor para su cultivo y uso, y que supone un progreso destacable para el fitomejoramiento de la cebolla. Concluye que la OCVV-CPVO tiene la obligación de tener en cuenta dicho carácter adicional.

El 16 de septiembre de 2021, el Comité de Rectificación de la OCVV-CPVO decidió no rectificar la decisión por su falta de legitimación activa, dado que su variedad había sido aceptada, y porque la utilidad alegada lo era para el examen VCU (*Value for CUltivation*), o para finalidades de marketing, que quedan fuera del ámbito del examen DHE. Basándose en el precedente de la Sala de Recurso (*Board of Appeal*) de la OCVV-CPVO, caso Nº A0006/2014, de 29 de abril ("*Tang Gold*"), que, ante la solicitud del apelante de modificación de la descripción de la variedad con la inclusión de caracteres nuevos, resolvió denegarla, pues la OCVV-CPVO "*tiene el poder discrecional para decidir qué caracteres establecen la clara distinción entre la variedad candidata y las variedades que sean notoriamente conocidas*". Además, añadió que la Oficina de Examen siguió el Protocolo Técnico aplicable, el CPVO-TP/046/2, de 1 de abril de 2009, aprobado por el Consejo de Administración de la OCVV-CPVO, y basado en los Documentos de la UPOV TG 1/3 (Introducción General), y TG/046/7 (Directrices para el examen DHE de *Allium Cepa (Cepa Group)*). El Protocolo Técnico CPVO-TP/046/2 señala que corresponde al Presidente de la OCVV-CPVO decidir la inclusión de caracteres adicionales y sus expresiones, de acuerdo con el artículo 23 del Reglamento (CE) Nº 1239/95, de la Comisión, de 31 de mayo de 1995 (hoy artículo 23 del Reglamento (CE) Nº 874/2009, de la Comisión, de 17 de septiembre de 2009)[190], así como decidir si deben realizarse exámenes especiales si es poco probable que se muestre la diferencia con los caracteres listados en los protocolos (según la Sección III, párrafo 6 (exámenes especiales) del Protocolo Técnico, CPVO-TP/046/2, de acuerdo con el artículo 83.3 del Reglamento 2100/94 - que se refiere a las tasas de dicho examen). Finalmente, dado que la distinción ha sido admitida sin necesidad de examinar el carácter adicional, concluye que no es

---

190 En la argumentación sobre el poder del presidente de la OCVV-CPVO para decidir autorizar el uso de un carácter adicional, el Comité de Rectificación afirma que el presidente de la Oficina ejerce un poder discrecional para decidir cuándo admite el uso del carácter adicional propuesto, y que dicha flexibilidad es capaz de asegurar la objetividad del procedimiento. Y lo hace basándose en los párrafos 54 y 55 de la sentencia del Tribunal de Justicia de la Unión Europea (Sala Quinta), asunto C-625/15 P, de 8 de junio de 2017, *Schniga GmbH v. OCVV-CPVO*, que establecen:
"*54 (...) tal como señaló esencialmente el Abogado General en el punto 97 de sus conclusiones, la apreciación de los caracteres de una variedad vegetal conlleva necesariamente una cierta aleatoriedad por la propia naturaleza del objeto al que se refiere el examen técnico, a saber, una variedad vegetal, y por la duración que requiere dicho examen*".
Es más, "*55. En estas circunstancias, únicamente la flexibilidad que permite la facultad reconocida al presidente de la OCVV, en virtud del artículo 23, apartado 1, del Reglamento de aplicación, de añadir nuevos caracteres para una variedad permite garantizar la objetividad del procedimiento de concesión de protección comunitaria. Así, una solicitud de protección comunitaria no puede ser rechazada debido únicamente a que el carácter de una variedad examinada, apreciado durante el examen técnico y decisivo para apreciar el carácter distintivo respecto a otras variedades, no se mencionaba ni en el cuestionario técnico cumplimentado por el solicitante ni en las directrices y los protocolos pertinentes*".

pertinente su examen y, por tanto, su inclusión en la descripción de la variedad.

En la audiencia previa a la resolución de la Sala de Apelaciones de la CPVO, el apelante alegó la importancia de que los obtentores estén incentivados a invertir en variedades competitivas, para lo que es necesario que si hay caracteres importantes que tengan valor económico, estas deben ser tenidas en cuenta en el examen DHE. Señaló que la finalidad de las directrices de examen DHE es la de determinar un número mínimo de caracteres que deben tenerse en consideración, no excluir caracteres adicionales que reúnen los requisitos para serlo. Los requisitos incluidos en las directrices no son necesariamente exhaustivos y deben extenderse con los caracteres adicionales si se prueba que permiten determinar distinción, estabilidad o uniformidad. En cuanto a la alegada falta de interés por haberle sido concedida la obtención, el apelante señaló que su interés era el de la aprobación de la obtención con una descripción que incluyera todos los caracteres, en especial, el adicional, dado que sin él la variedad no tiene valor en el mercado. Por otra parte, señaló que el artículo 83.3 del Reglamento 2100/94 permite al solicitante exigir el examen del carácter adicional (asumiendo el incremento de tasas correspondientes).

La CPVO alegó que, al referirse al valor de innovación del carácter adicional, el apelante se refería a un criterio que era ajeno al ámbito de la protección de las variedades vegetales, ya que el potencial valor de mercado de la variedad (valor de cultivo y uso, o VCU) no está entre los criterios que establecen el cumplimiento de los requisitos DHE, es más próximo al sistema de autorización de marketing de ciertas especies. También argumentó que los artículos 5 y 7 del Reglamento 2100/94 exigen que la distinción entre la variedad candidata y las variedades que sean notoriamente conocidas se dé en, al menos un carácter, por lo que la distinción observada en un carácter sea suficiente para garantizar el derecho del obtentor. De ahí deduce que el argumento de que el carácter adicional haría a la variedad "incluso más distinta" no puede ser tenido en cuenta, pues el criterio de distinción a se había conseguido por varios caracteres morfológicos. Además, señaló que el hecho de que el carácter adicional se indique en el protocolo técnico no establece derechos a favor del solicitante, pues el protocolo técnico solo tiene un valor indicativo, según el artículo 50 (1) (f) del Reglamento 2100/94, por lo que no existe obligación de la CPVO de tener en cuenta el carácter adicional.

6.8.3 La Resolución de la Sala de Apelaciones en favor de la OCVV-CPVO

La Sala de Apelaciones, en Resolución de 1 de julio de 2022, en el asunto nº A018/2021[191], decidió el caso a favor de denegar el legítimo interés del apelante, con arreglo al artículo 49, apartado 1, del Reglamento 874/2009 en relación con el artículo 81 del Reglamento 2100/94, ya que no cumplía los requisitos para ser parte perdedora, lo que era necesario para apelar, ya que no impugnó la decisión de conceder la CPVR EU 58241 a la variedad "SK20", sino sólo una parte de la descripción de la variedad relativa a la lista de características. Además, la CPVR había sido concedida. En cuanto al contenido sustancial, afirmó que el argumento del apelante de que el carácter adicional haría la variedad "incluso más distinta" no era admisible una vez el criterio de distinción a había sido satisfecho, lo que era consistente con el párrafo 4.2.3 del TG 1/3 de la UPOV, pues los caracteres incluidos en las directrices de examen individual no son necesariamente exhaustivos y pueden ser ampliados con caracteres adicionales si se prueba que ello es útil, la CPVO tiene discrecionalidad para establecer si usa o no caracteres adicionales, y, en este caso, dado que la variedad ya era distinta completamente por múltiples caracteres morfológicos, por lo que no había necesidad de un carácter adicional. Finaliza afirmando que el presidente de la CPVO no está obligado a iniciar los procedimientos de examen de caracteres adicionales de los artículos 22 y 23 del Reglamento 2100/94, por no existir necesidad para hacerlo, dado que la distinción ya estaba establecida, lo que además se refleja en las sentencias del Tribunal de Justicia de la Unión Europea C-625/15P (caso Schniga) y C-534/10P, que especifican la discrecionalidad de la CPVO dado el carácter científico del trabajo que desarrolla.

---

191 Resolución de la Sala de Recurso de la OCVV-CPVO, de 1 de julio de 2022, en el asunto nº A018/2021 "SK20" (House Foods Group Inc. v. CPVO).

6.8.4 Crítica a la Resolución de la Sala de Apelaciones

La decisión ha sido recurrida ante el Tribunal de Justicia de la Unión Europea, el 8 de septiembre de 2022[192]. Pero, a la espera de la sentencia, merece un breve comentario, en nuestra opinión, favorable a la posición del solicitante:

En primer lugar, porque no tiene mucho sentido, salvo el excesivo formalismo, el denegar al solicitante la realización de un examen de un carácter adicional que él mismo había incluido en el Catálogo Técnico, en especial cuando el método de examen es muy sencillo (la cebolla hace llorar o no) y, conforme al artículo 83.3 del Reglamento 2100/94[193], puede hacerse pagar al solicitante el sobrecoste que dicho análisis del carácter adicional "*low lachrimatory factor and pyruvic acid*" suponga. Además, en ningún momento señala el artículo 83.3 que no pueda realizarse el examen del carácter adicional, pagándolo el solicitante, cuando ya existan otros caracteres que permitan establecer la distinción. En este sentido, dada la discrecionalidad del presidente de la OCVV-CPVO, que la Sala de Recursos confirma, es poco explicable que no concediera la posibilidad de realizar dicho examen.

En segundo lugar, el interés del apelante es muy claro, y tampoco resulta aceptable que debiera impugnar en su totalidad la protección CPVR EU 58241 concedida, arriesgando la correspondiente protección, aunque fuera parcial, sobre lo solicitado. El carácter adicional que solicitaba era muy relevante no solo en términos económicos, sino también muy útil para la distinción rápida de dicha variedad con respecto a las notoriamente conocidas, que sí hacen llorar. La OCVV-CPVO entiende que basta con un solo carácter claramente diferenciador para entender que no sea necesario seguir el procedimiento, lo que tiene sentido, para ahorrar costes económicos y temporales de

---

192 Caso T-556/22 (2022/C 424/52) (House Foods Group, Inc. v. CPVO (SK20)). *Official Journal of the European Union* C 424/40, de 7 de noviembre.

193 El artículo 83.3 del Reglamento 2100/94 establece literalmente: "*En caso de que ciertos datos del solicitante de la concesión de la protección comunitaria de obtención vegetal sólo puedan verificarse mediante un examen técnico que se salga del marco establecido para el examen técnico de las variedades del taxón correspondiente, las tasas del examen técnico podrán aumentarse, después de haber oído a la persona que deba pagar las tasas, hasta el importe de los gastos reales*".

examen. Pero el mismo protocolo se siguió hasta alcanzar cuatro caracteres morfológicos distintos: carácter 3 (*foliage waxiness*), carácter 18 (*bulb shape*), carácter 23 (*skin colour*) y carácter 21 (*adherence to dry skin*). ¿Por qué, si con uno bastaba? El argumento económico cede aquí frente al de un cumplimiento estricto del protocolo técnico. Es más, el argumento económico debería haber servido para admitir el examen del carácter adicional, dada su rapidez y sencillez: si se tiene el bulbo, apreciar el factor de lacrimosidad es una observación V, "visual", como carácter de sabor, del que ya hemos hablado antes. Es más, para los que hemos cultivado cebollas, es apreciable incluso antes de que el bulbo llegue a formarse plenamente, con lo que se ahorra tiempo en la apreciación de la distinción.

Por otra parte, ya hemos mencionado, que, en el sistema UPOV, "*no existe ningún requisito que exija que el carácter tenga valor o utilidad comercial. No obstante, si un carácter que tiene valor o utilidad comercial satisface todos los criterios para su inclusión, podrá considerarse en la manera habitual*".[194] En consecuencia, que el factor de lacrimosidad ausente, de indudable valor comercial, no puede ser excluido por dicho motivo de su condición de carácter adicional, dado que, indudablemente, resulta útil para la distinción entre variedades.

Finalmente, la misma cita de la sentencia del Tribunal de Justicia de la Unión Europea C-625/15 P (*Schniga v. CPVO*), citada por la OCVV-CPVO menciona la necesaria flexibilidad que debe caracterizar a los procedimientos de examen DHE, teniendo en cuenta la aleatoriedad de la apreciación de los caracteres derivada de la propia naturaleza del objeto examinado, lo que justifica la posibilidad de añadir caracteres adicionales que sean nuevos. Y ello es lógico, pues de presentarse una solicitud de una variedad próxima a la SK20 en los caracteres 3, 18, 21 y 23, el carácter adicional del factor lacrimosidad, ahora denegado, sería decisivo para la distinción. Es más, de presentarse una solicitud de variedad similar, pero no claramente idéntica a otra variedad ya registrada, pero que se diferenciara claramente en que la registrada hace llorar y la propuesta no, exigiría la inclusión de dicho carácter adicional por parte del presidente de la OCVV-CPVO. Flexibilidad que se predica como competencia lógica

[194] Parágrafo 4.2.2. UPOV. *General Introduction to the Examination of DUS* ..., pág. 10.

del presidente incluso en un caso, el *Schniga v. CPVO,* en el que el carácter adicional no solo no se había incluido en las directrices, ni en los protocolos pertinentes ni siquiera había sido incluido en el cuestionario técnico del solicitante, y se apreció durante el examen técnico.

6.8.5 La aceptación del mismo carácter adicional en otros países Miembros de la UPOV

Pues bien, la Variedad SK20 ha sido reconocida en el los Países Bajos, el 3 de enero de 2023 con el número de registro 46140, y en Canadá, por la *Plant Breeders' Rights Office,* el 25 de agosto de 2023, con el número de registro 6887, esta última con una descripción basada en la de los Países Bajos, que, si bien no incluye el factor de lacrimosidad como carácter adicional, sí lo menciona en la historia del origen y fitomejoramiento de la variedad[195]. Ha sido aceptada la solicitud por la *Animal & Plant Health Agency (APHA),* en el Reino Unido[196]. En Estados Unidos, se ha concedido el registro por parte de la *Plant Variety Protection Office,* el 27 de marzo de 2020, que titula en su *breeding history:* "*SK-20 is a tearless and non-pungent onion developed by mutation, selection and hybridization*", y que sí aceptó la inclusión

---

195 "*Origin & Breeding History: 'SK20' originated from a mutation introduced to the variety 'Super Kitamomiji' at the RIKEN RI-beam factory in Saitama, Japan in 2005. Approximately 1500 dry seeds were irradiated with neon ion beams at 20 Gray to produce M1 seeds and, in 2006, 1450 of these seeds were sown in cell trays. The resulting seedlings were grown in a vinyl house and 1000 of those seedlings were transplanted in a field in Hokkaido, Japan. From the M1 generation, 457 bulbs were harvested in September, screened with an organoleptic assessment and analyzed using high-performance liquid chromatography. Nine onions were selected based on lachrymatory factor production, and self-pollinated in 2007. In 2008, the resulting 350 M2 seeds were cultivated and bulbs further analysed for alliinase content. Twelve bulbs were then selected based on reduced alliinase content. From 2009 to 2011, plants of selected bulbs were self-pollinated with further selections made at each generation for alliinase protein activity resulting in 158 M4 bulbs in 2012. From 2013 to 2017, onion bulb cultivation and selection was based on bulb size, shape and seed quantity*".
https://inspection.canada.ca/english/plaveg/pbrpov/cropreport/oni/app00011633e.shtml

196 *Application* 47/245, de 31 de enero de 2022, publicada en la *Plant Varieties & Seeds gazette* el 1 de febrero.

del carácter adicional lachrymatory factor[197]. Esta aceptación por los Estados Unidos, comunicada a la UPOV, pemitiría iniciar el procedimiento de reconocimiento del factor de lacrimosidad como un carácter adicional en las directrices de las *Directrices para la ejecución del examen de la Distinción, la Homogeneidad y la Estabilidad de la cebolla, echalion, chalota y chalota gris*[198], con la consecuente extensión a los protocolos de examen de la OCVV-CPVO, independientemente de la resolución de la cuestión planteada ante el Tribunal de Justicia de la Unión Europea.

6.8.6 Lecciones de la Resolución de la Sala de Apelaciones de la OCVV-CPVO, de 1 de julio de 2022, en el asunto nº A018/2021 (caso SK20) en la consideración del contenido nutricional como carácter adicional

Siguiendo el razonamiento de la Sala de Apelaciones, podemos prever que la inclusión de algún tipo de contenido nutricional de la variedad propuesta, que lo diferencie de otras reconocidas, podría no ser aceptado como carácter adicional por la OCVV-CPVO, aunque el solicitante lo incluyera en su Cuestionario Técnico, con una metodología adecuada, en el caso de que la variedad pudiera ser distinguida con facilidad por los caracteres morfológicos estándar incluidos en el Protocolo Técnico pertinente.

---

197 "*Exhibit D: Additional Description of Variety The main distinctive feature of 'SK-20' is tearless and non-pungent characteristics despite the long-day (day-length sensitivity: approximately 14 hours) and long-storage (storage length: 6-7 months) onion. Lachrymatory factor (LF) is responsible for both the tear-inducing property and the pungency of onion. Pyruvic acid has long been used as a simple and quick measure of pungency of onion. The LF levels in SK-20 were significantly reduced compared with those of the normal long-day onion (Figure 1). The pyruvic acid levels were significantly decreased compared with those of the normal long-day and short-day onion (Figure 2). Tearless and non-pungent characteristics in SK-20 were due to the significant reduction of alliinase mRNA expression levels (Figure 3). PRENCSO in SK-20 was not broken down by alliinase and remained after tissue disruption because of the absence of alliinase activity (Figure 4). Unlike existing low-pungency onions, SK-20 should not exert tear-inducing property and pungency, irrespective of their moisture content*". Le siguen varios métodos de cuantificación. https://apps.ams.usda.gov/CMS/AdobeImages/201800182.pdf

198 UPOV. *Guidelines for the Conduct of Tests for Distinctness, Uniformity and Stability. Onion, Echalion; Shallot; Grey Shallot.*

Pero sí que sería posible incluir algún contenido nutricional como carácter adicional en el caso de que dicha diferenciación realizada con los caracteres estándar no fuera aparentemente clara. Aunque en este último caso no fuera obligatoria la inclusión del contenido nutricional, el presidente de la OCVV-CPVO debería aceptarlo como carácter adicional, si contribuyera de manera evidente a la diferenciación. Además, ello sería consecuente con el mandato político de la Unión Europea, en la consecución de los objetivos de la Agenda 2030.

Si la OCVV-CPVO aceptara algún contenido nutricional como carácter adicional, debería comunicarlo a la UPOV, y esta analizaría si dicha admisión es generalizable a todos los Miembros de la UPOV, bien como carácter adicional o, en su caso, como carácter estándar o, incluso, como carácter con asterisco. Aunque es complicado que esto ocurra. De no ser reconocido como carácter adicional por la OCVV-CPVO, podría, sin embargo, ser reconocido por la autoridad de otro Miembro de la UPOV, debiendo este comunicarlo a la UPOV y, en caso de que lo aceptara como carácter, los Protocolos de las demás autoridades de los Miembros, incluida la OCVV-CPVO, deberían incluirlo.

Como hemos mencionado antes, la UPOV ya lo ha hecho antes, por ejemplo, guiando la metodología de los perfiles de ADN[199], antes de admitir la posibilidad de utilizar marcadores moleculares en los exámenes DHE[200].

Pero presupuesto para incluir un contenido nutricional de las nuevas variedades deberá desarrollarse la metodología adecuada, que se vea reflejada en los Protocolos o Directrices de examen DHE, lo que implica abordar varios problemas: cómo medir el contenido nutricional, diferenciar el contenido nutricional de la planta y del fruto, y de su grado de madurez, determinar la parte de la diferen-

---

199 UPOV. *Guidelines For DNA-Profiling: Molecular Marker Selection and Database Construction ("BMT Guidelines"), adopted by the Council at its forty-fourth ordinary session on October 21, 2010.* UPOV/INF/17/1.

200 UPOV. *Possible use of molecular markers in the examination of distinctness, uniformity and stability (DUS), adopted by the Council at its forty-fifth ordinary session on October 20, 2011.* UPOV/INF/18/1.

ciación de contenido nutricional que dependa de la técnica agrícola empleada, del suelo, o de su envasado.

El trabajo está medio hecho ya que las agencias alimentarias nacionales han medido los contenidos nutricionales de plantas y frutas comestibles durante mucho tiempo, estableciendo metodologías generalmente aceptadas, reconocidas por las autoridades alimentarias y respaldadas por multitud de artículos científicos sobre métodos apropiados para el análisis de nutrientes específicos[201]. La importancia de los artículos científicos no debe ser desdeñada, pues, como se aprecia en muchas directrices de examen DHE de la UPOV, los criterios metodológicos de medición se remiten con frecuencia a métodos descritos en artículos científicos concretos, y, cuando no los mencionan específicamente en la descripción del carácter, los incluyen en la bibliografía que citan posteriormente a la descripción de los caracteres.

---

201 Algunos de ellos descritos en BARRETT, D. M., BEAULIEU, J. C., SHEWFELT, R. *Critical Reviews in Food Science and Nutrition*, (2010) 50:369-389. DOI: 10.1080/10408391003626322, pág. 378.

7. CONCLUSIONES

Uno de los objetivos de la Agenda 2030 de las Naciones Unidas es lograr alimentos nutritivos para todos. El sistema UPOV podría ser un marco legal importante para desarrollar nuevas variedades de plantas más nutritivas.

La normativa sobre información nutricional sobre productos vegetales no transformados es inadecuada para que los consumidores puedan tener conocimiento del contenido nutricional de estos alimentos. Solo si los comercializadores de dichos alimentos incluyen dicha información voluntariamente en el etiquetado será posible que el contenido nutricional sea accesible.

Existen otras vías más indirectas de conocimiento del contenido nutricional. Una de ellas es la inclusión de dicha información en los pliegos de condiciones de las Denominaciones de Origen Protegidas y de las Indicaciones Geográficas Protegidas. Es una información voluntaria, pero relevante, en tanto que aporta un valor añadido a dichos alimentos vegetales.

Otra vía es la de incluir dicha información en la referencia a la variedad comercial concreta en el correspondiente Registro de Variedades Comerciales, lo que, indudablemente es relevante, en tanto que implica un valor de uso de dicha variedad, imprescindible para superar el control VCU.

Finalmente, la información nutricional puede incluirse en el Registro de Obtenciones Vegetales. Aunque no está previsto expresamente, nada impide que dicha información nutricional pueda considerarse como una característica de la descripción de nuevas variedades vegetales realizada en el sistema UPOV, lo que permitirá promover la creación de nuevas variedades más nutritivas.

Hoy en día, el contenido nutricional de una variedad no se considera como carácter, por lo que no se incluye en las directrices de exámenes DHE de las diferentes especies, no se considera como carácter ni esencial, ni estándar, ni con asterisco, pero ello no implica que no pueda considerarse en el futuro. Por ahora, dicho futuro no pasa por la identificación del contenido nutricional con caracteres reconocidos, como el sabor. La vía más factible para que dicho rasgo pueda ser aceptado como carácter es que sea considerado como carácter adicional. Carácter que, además, es medible con métodos a aceptados por la UPOV como válidos. Y que solo podrá ser aceptado en tanto que sea útil para la distinción de la variedad que contenga el carácter nutritivo descrito de otras variedades ya conocidas, siendo irrelevante el valor para su cultivo y uso, a efectos de ser considerado como carácter adicional.

Procedimentalmente, la vía más factible para la inclusión de contenidos nutricionales en las directrices de examen DHE de la UPOV es a través de su reconocimiento como carácter adicional en los protocolos técnicos y directrices de la autoridad de uno o varios Miembros de la UPOV, que se deben comunicar a la UPOV, para que inicie el proceso de revisión de las directrices de examen DHE de la respectiva especie. De incluirse el contenido nutricional como carácter, los demás Miembros de la UPOV deberán reflejarlo en sus respectivos protocolos.

8. BIBLIOGRAFÍA

AGENCIA ESPAÑOLA DE SEGURIDAD ALIMENTARIA Y NUTRICIÓN. *Información sobre el modelo Nutri-Score* https://www.aesan.gob.es/AECOSAN/web/para_el_consumidor/seccion/informacion_Nutri_Score.htm

ARÉVALO AGUILAR, L. P. (2021) *Desarrollo y validación de un método analítico para determinar ácidos grasos oleico, palmítico y esteárico por HPLC en aceites vegetales.* Quito, 2021. http://www.dspace.uce.edu.ec/handle/25000/23565

ASOCIACIÓN DE ORGANIZACIONES DE PRODUCTORES DE PLÁTANOS DE CANARIAS - ASPROCAN. *Pliego de Condiciones Modificado de la Indicación Geográfica Protegida "Plátano De Canarias".* 2021. https://www.mapa.gob.es/images/es/platano_canarias_2022_08_16_tcm30-211392.pdf

ASOCIACIÓN DE PRODUCTORES Y CULTIVADORES DE GRANADAS DE ELCHE. *Pliego de Condiciones de la Denominación de Origen Protegida "Granada Mollar de Elche"/"Granada de Elche".* 2023. https://www.mapa.gob.es/images/es/granada_mollar_elche_2023_02_27_tcm30-210330.pdf

ASOCIACIÓN IGP "AJO MORADO DE LAS PEDROÑERAS" *Pliego de condiciones "IGP ajo morado de las pedroñeras"*, 2008 https://www.mapa.gob.es/images/es/ajo_morad_pedroneras_2008_07_17_tcm30-211365.pdf Registro en la Organización Mundial de la Propiedad Intelectual (OMPI). https://www.mapa.gob.es/images/es/clm_ajomoradodelaspedroneras_certificateofregistration-gi-1204_tcm30-648010.pdf

ASOCIACIÓN PARA LA PROMOCIÓN DE LA NUEZ DE NERPIO. *Pliego de condiciones de la Denominación de Origen Protegida "Nueces del Nerpio"*, 2022. https://www.mapa.gob.es/es/alimentacion/temas/calidad-diferenciada/dop-igp/htm/DOP_Nueces_de_Nerpio_SolicitudRegistro%20.aspx

ASOCIACIÓN PROFESIONAL DE PRODUCTORES DE PIMIENTO NAJERANO Y SANTO DOMINGO. *Pliego De Condiciones De La Indicación Geográfica Protegida "Pimiento Riojano".* 2004. https://www.mapa.gob.es/images/es/pimiento_riojano_2004_08_20_tcm30-211016.pdf

BARREIRO-HURLÉ, J., GRACIA, A. Y DE-MAGISTRIS, T. (2010). "Does nutrition information on food products lead to healthier food choices?" en *Food Policy*, 35, págs. 221-229.

BARRETT, D. M., BEAULIEU, J.C., SHEWFELT, R. (2010) "Color, Flavor, Texture, and Nutritional Quality of Fresh-Cut Fruits and Vegetables: Desirable Levels, Instrumental and Sensory Measurement, and the Effects of Processing", en *Critical Reviews in Food Science and Nutrition*, 50, págs. 369-389. DOI: 10.1080/10408391003626322.

BELTRÁN SÁNCHEZ, Emilio. "Sobre los contratos de integración vertical en la agricultura", en *Anuario de derecho civil*, Vol. 42, Nº 2, 1989, págs. 445-468.

BENDALI, Linda (Dir.) *Las semillas del beneficio.* (Video). Premièrs Lignes Télévision. 2019. https://www.documaniatv.com/social/las-semillas-del-beneficio-video_3915d1b9f.html.

BRUNSTROM, J. M., SCHATZKER, M. "Micronutrients and food choice: A case of 'nutritional wisdom' _in humans?", en *Appetite,* 174. (2022) x106055. págs. 1-10.

BUNDESSORTENAMT (Federal Plant Variety Office). *Plant Breeders' Rights and National Listing,* March, 2017, Paderborn, Germany. https://www.bundessortenamt.de/bsa/media/Files/BroschuereBSA_engl.pdf

CARRILLO ALAVA, María Elizabeth. *Estudio de las actitudes, conocimientos y comportamientos de los consumidores. Parámetros sensoriales y no sensoriales que intervienen en la elección de alimentos bajos en calorías y enriquecidos con ingredientes funcionales.* Tesis Doctoral Dirigida por: Dra. Susana Fiszman Dal Santo Dra. Paula Varela Tomasco. Universidad Politécnica de Valencia. CSIC - Instituto de Agroquímica y Tecnología de Alimentos (IATA). Valencia, noviembre de 2012, https://riunet.upv.es/bitstream/handle/10251/19007/tesisUPV4009.pdf?sequence=1&isAllowed=y

CIQUAL. https://ciqual.anses.fr/

CLIFFORD, M. N.; OHIOKPEHAI, O.; MENEZES, H. C. *11th International Scientific Colloquium on Coffee-ASIC.* (1985) Vol. 1, págs. 252-262.

COMISIÓN EUROPEA. *Propuesta de REGLAMENTO DEL PARLAMENTO EUROPEO Y DEL CONSEJO sobre la producción y comercialización de materiales de reproducción vegetal en la Unión, por el que se modifican los Reglamentos (UE) 2016/2031, (UE) 2017/625 y (UE) 2018/848 del Parlamento Europeo y del Consejo y se derogan las Directivas 66/401/CEE, 66/402/CEE, 68/193/CEE, 2002/53/CE, 2002/54/CE, 2002/55/CE, 2002/56/CE, 2002/57/CE, 2008/72/CE y 2008/90/CE del Consejo (Reglamento sobre materiales de reproducción vegetal) (Texto pertinente a efectos del EEE)* Bruselas, 5.7.2023 COM(2023) 414 final 2023/0227 (COD) {SEC(2023) 414 final} - {SWD(2023) 410 final} - {SWD(2023) 414 final} - {SWD(2023) 415 final} https://eur-lex.europa.eu/resource.html?uri=cellar:02951036-1cac-11ee-806b-01aa75ed71a1.0024.02/DOC_1&format=PDF

CONSEJO REGULADOR DE LA DENOMINACIÓN DE ORIGEN "NÍSPEROS DE CALLOSA D'EN SARRIÀ". P*liego de condiciones de la denominación de origen "Nísperos de Callosa d'En Sarriá.* ORDEN 14/2014, de 20 de junio, de la Consellería de Presidencia y de Agricultura, Pesca, Alimentación y Agua, por la que se aprueba el Reglamento de la Denominación de Origen Protegida Nísperos Callosa d'En Sarriá y su Consejo Regulador. [2014/6756] https://dogv.gva.es/datos/2014/07/17/pdf/2014_6756.pdf

CONSEJO REGULADOR DE LA DENOMINACIÓN DE ORIGEN PROTEGIDA "CEREZA DEL JERTE". *Pliego de Condiciones de la Denominación de Origen Protegida "Cereza del Jerte".* 2015. https://www.mapa.gob.es/images/es/cereza_del_jerte2015_03_06_tcm30-210042.pdf

CONSEJO REGULADOR DE LA DENOMINACIÓN DE ORIGEN PROTEGIDA "CALASPARRA". *Pliego de condiciones de la Denominación de Origen Protegida*

"Calasparra". 1996. https://www.mapa.gob.es/images/es/pliegocalasparra_tcm30-543260.pdf

CONSEJO REGULADOR DE LA DENOMINACIÓN DE ORIGEN PROTEGIDA "CHIRIMOYA DE LA COSTA TROPICAL DE GRANADA-MÁLAGA". *Pliego de Condiciones de la Denominación de Origen "Chirimoya de la Costa Tropical de Granada-Málaga"*. 2010. https://www.mapa.gob.es/es/alimentacion/temas/calidad-diferenciada/chirimoya_2010_03_26_tcm30-210096.pdf

CONSEJO REGULADOR DE LA DENOMINACIÓN DE ORIGEN PROTEGIDA "OLIVA DE MALLORCA". Pliego de Condiciones de. la DOP Oliva de Mallorca (publicado como Orden del Consejero de Agricultura, Medio Ambiente y Territorio, de 7 de agosto de 2013. *Boletín Oficial de las Islas Baleares.* Núm. 113, de 13 de agosto de 2013)

CONSEJO REGULADOR DE LA DENOMINACIÓN DE ORIGEN PROTEGIDA "PEMENTO DE HERBÓN". *Pliego de condiciones de la Denominación de Origen Protegida (D.O.P.) "Pemento de Herbón"*. 2009. https://www.mapa.gob.es/images/es/pemento_de_herbon_2009_07_01_tcm30-210588.pdf

CONSEJO REGULADOR DE LA DENOMINACIÓN ESPECÍFICA "ESPARRAGO DE HUÉTOR-TÁJAR". *Pliego de Condiciones de la Denominación Especifica "Espárrago de Huétor-Tájar"*, 2000. https://www.mapa.gob.es/images/es/esparrago_huetor_2000_03_15_tcm30-210581.pdf

CONSEJO REGULADOR DE LA DENOMINACIÓN ESPECÍFICA "FABA ASTURIANA". *Pliego de Condiciones de la Denominación Específica "Faba Asturiana"*. 1996. https://www.asturias.es/documents/217090/555882/Faba+Asturiana.pdf/1edd93b2-eb63-1a47-f603-2eb69fbdf788?t=1606825767618

CONSEJO REGULADOR DE LA DOP "ARROZ DEL DELTA DEL EBRO". *Pliego de Condiciones de la DOP Arroz Del delta del Ebro/Arròs Del Delta de l'Ebre.* 2022. https://www.mapa.gob.es/images/es/arroz_delta_ebro_2022_06_13_tcm30-210965.pdf

CONSEJO REGULADOR DE LA DOP "MANZANA REINETA DEL BIERZO" *Pliego de condiciones de la DOP «Manzana Reineta del Bierzo»*. 2001. https://www.mapa.gob.es/images/es/manzana_reineta_del_bierzo_2001_12_29_tcm30-211403.pdf

CONSEJO REGULADOR DE LA DOP "MELOCOTÓN DE CALANDA". *Pliego de Condiciones de la Denominación de Origen Protegida «Melocotón de Calanda»*. 2021. https://www.mapa.gob.es/images/es/melocotondecalanda_2021_08_03_tcm30-211316.pdf

CONSEJO REGULADOR DE LA DOP ARROZ DE VALENCIA. *Pliego De Condiciones De La Dop Arroz De Valencia/Arròs De València,* 2022. https://www.mapa.gob.es/es/alimentacion/temas/calidad-diferenciada/arroz_de_valencia_2022_10_07_tcm30-211433.pdf

CONSEJO REGULADOR DE LA DOP PERA DE LLEIDA. *Pliego de Condiciones. Denominación de Origen Protegida "Pera de Lleida"*. 2011. https://www.mapa.gob.es/images/es/pera_lleida_2011_03_11_tcm30-211634.pdf

CONSEJO REGULADOR DE LA IGP "ALCACHOFA DE TUDELA". *Pliego de Condiciones de la Indicación Geográfica Protegida "Alcachofa de Tudela"*. Reglamento de Ejecución (UE) 2023/1589 de la Comisión de 27 de julio de 2023, entrada en vigor el 24 de agosto de 2023. https://www.mapa.gob.es/es/alimentacion/temas/calidad-diferenciada/alcachofa_tudela_2023_08_24_tcm30-209880.pdf

CONSEJO REGULADOR DE LA IGP "CEREZAS DE LA MONTAÑA DE ALICANTE". *Pliego de Condiciones de la IGP Cerezas de la Montaña de Alicante.* 2021. https://www.mapa.gob.es/images/es/cerezas_montana_alicante_2021_11_22_tcm30-210792.pdf

CONSEJO REGULADOR DE LA IGP "CÍTRICOS VALENCIANOS". *Pliego de Condiciones de la I.G.P. Cítricos Valencianos.* 2013. https://www.mapa.gob.es/images/es/citricos_valencianos_2013_12_09_tcm30-211386.pdf

CONSEJO REGULADOR DE LA IGP "PIMIENTO DE FRESNO-BENAVENTE". *Pliego de Condiciones de la IGP «Pimiento de Fresno-Benavente».* 2012. https://www.mapa.gob.es/images/es/pimiento_fresno-benavente_2012_10_08_tcm30-209958.pdf

CONSEJO REGULADOR DE LA IGP "TOMATE LA CAÑADA-NÍJAR". *Pliego De Condiciones De La Indicación Geográfica Protegida "Tomate La Cañada.* 2020. https://www.mapa.gob.es/es/alimentacion/temas/calidad-diferenciada/tomate_2020_05_20_tcm30-210205.pdf

CONSEJO REGULADOR DE LA INDICACIÓN GEOGRÁFICA PROTEGIDA "MELÓN DE TORRE PACHECO-MURCIA. *Pliego de Condiciones de la Indicación Geográfica Protegida "Melón de Torre_Pacheco-Murcia".* 2015. https://www.mapa.gob.es/images/es/melon_torre_pacheco_2015_09_23_tcm30-210266.pdf

CONSEJO REGULADOR DE LA INDICACIÓN GEOGRÁFICA PROTEGIDA "CEBOLLA DE LA MANCHA". *Pliego de condiciones de la Indicación Gerográfica Protegida "Cebolla de La Mancha".* 2022. https://pagina.jccm.es/agricul/paginas/comercial-industrial/consejos_new/pliegos/PLIEGO_CONDICIONES_IGP_CEBOLLA_20220321.pdf

CONSEJO REGULADOR DE LA INDICACIÓN GEOGRÁFICA PROTEGIDA (I.G.P.) "PEMENTO DA ARNOIA". *Pliego de Condiciones de la Indicación Geográfica Protegida (I.G.P.) "Pemento da Arnoia".* 2009. https://www.mapa.gob.es/images/es/pemento_da_arnoia_2009_05_01_tcm30-209853.pdf

CONSELL REGULADOR DE MONGETA DEL GANXET. *Pliego de Condiciones de la Denominación de Origen Protegida Mongeta del Ganxet.* Diciembre de 2010. https://www.mapa.gob.es/images/es/mongeta_ganxet_2010_12_01_tcm30-210978.pdf

CORTÉS-HERRERA, C., ARTAVIA, G., LEIVA, A., GRANADOS-CHINCHILLA, F. "Liquid Chromatography Analysis of Common Nutritional Components, in Feed and Food", in *Foods,* 2019, Jan; 8 (1): 1. https://www.ncbi.nlm.nih.gov/pmc/articles/PMC6352167/ Published online 2018 Dec 20. doi: 10.3390/foods8010001

DAILLANT-SPINNLER, D., MACFIE, H.J.H., BEYTS, P.K. AND HEDDERLEY, D. "Relationships between sensory properties and major preference directions of 12 varieties of apples from the southern hemisphere", en *Food Quality and Preference.* (1996) págs. 112-126.

DAVIS, D. R., EPP, M.D. AND RIORDAN, H.D. "Changes in USDA food composition data for 43 garden crops, 1950 to 1999", en *Journal of the American College of Nutrition,* (2004) Dec; 23(6), págs. 669-82. DOI: 10.1080/07315724.2004.10719409.

DAVIS, D. R. "Declining Fruit and Vegetable Nutrient Composition: What Is the Evidence?", en *Hortscience,* Vol. 44 (1), February 2009, págs. 15-19. DOI: https://doi.org/10.21273/HORTSCI.44.1.15.

ENCINAS VELASCO, Irene. *Análisis del proceso de decisión de compra de consumidores celiacos.* Director: Victoria Labajo González. Facultad de Ciencias Económicas y Empresariales. Universidad Pontificia de Comillas. Madrid, abril de 2019. https://repositorio.comillas.edu/xmlui/bitstream/handle/11531/28727/Tfg-Encinas%20Velasco%2C%20Irene.pdf

GARCÍA VIDAL, A. "Capítulo 8: Los requisitos de la distinción, la homogeneidad y la estabilidad", en GARCÍA VIDAL, Á. (ed.) *Derecho de las obtenciones vegetales.* Ed. Tirant lo Blanch. Valencia. 2017, págs. 349-394.

GOFF, Stephen A., KLEE, Harry J. "Plant volatile compounds: sensory cues for health and nutritional value?", en *Science, 311* (5762), 2006, págs. 815-819. DOI: 10.1126/science.1112614.

GLENDINNING, J. I. "What does the taste system tell us about the nutritional composition and toxicity of foods?", en *The Pharmacology of Taste, Handbook of Experimental Pharmacology,* (2021) nº 275, Ed. Springer. Cham, (Switzerland), págs. 321-351. DOI: https:// doi.org/10.1007/164_2021_451.

GONZÁLEZ BOTIJA, Fernando. "Comunicaciones comerciales", en RECUERDA GIRELA, M. Á (dir.). Tratado de Derecho alimentario. Ed. Aranzadi. Pamplona, 2011.

GONZÁLEZ CASTILLA, Francisco. "La represión de las prácticas comerciales desleales en la cadena agroalimentaria europea", en GONZÁLEZ CASTILLA, F. (Dir.) Y RUIZ PERIS, J I. (Dir.) Estudios sobre el régimen jurídico de la cadena de distribución agroalimentaria. Marcial Pons, Madrid, 2016, págs. 183-198.

GREENFIELD, H., SOUTHGATE, D.A.T. *Données sur la composition des aliments. Production, Gestion et Utilisation.* Éditeurs techniques: Burlingame, B.A.; Charrondière, U.R. Organisation des Nations Unies pour l'alimentation et l'agriculture (FAO), 2007, Rome.

HAYTOWITZ, D. B. "Information from USDA's Nutrient Data Bank", en *Journal of Nutrition,* 1995 Jul; 125 (7) págs. 1952-1955. DOI: 10.1093/jn/125.7.1952. PMID: 7616313.

HIMMELSBACH, Elke / ALLEN, Anthony / FRANCAS, Mark. *Study on the Impact of Food Information on Consumers' Decision Making,* TNS European Behaviour Studies Consortium FINAL REPORT. December 2014. Pág. 16. https://food.ec.europa.eu/document/download/bab136cd-638d-4b8d-a7e2-d23e44cb07b6_en?filename=labelling_legislation_study_food-info-vs-cons-decision_2014.pdf&prefLang=es

INSTITUTE SCIENTIFIQUE D'HYGIÉNE ALIMENTAIRE. *Tables de composition des aliments.* (1960). Comparado con la base de datos Ciqual. https://ciqual.anses.fr/

INTERNATIONAL ORGANIZATION FOR STANDARDIZATION. ISO 6564:1985-E. *Sensory analysis - Methodology - Flavor profile methods.* 1985.

JACK, A. "America's Vanishing Nutrients: Decline in Fruit and Vegetable Quality Poses Serious Health and Environmental Risks", (2005) págs. 1-17. https://rockdustlocal.com/uploads/3/4/3/4/34349856/americas_vanishing_nutrients.pdf

KARLSEN, A. M., AABY, K., SIVERTSEN, H., BAARDSETH, P., ELLEKJÑR, M.R. "Instrumental and sensory analysis of fresh Norwegian and imported apples", en *Food Quality and Preference,* 10 (1999), págs. 305 - 314.

LEHOTAY, Steven J., HAJŠLOVÁ, Jana. "Application of gas chromatography in food analysis", en *TrAC Trends in Analytical Chemistry,* Volume 21, Issues 9-10, 10 September 2002, págs. 686-697. https://www.sciencedirect.com/science/article/abs/pii/S0165993602008051).

LUCET, Élise. Cash Investigation - BENDALI, Linda (2019). *Multinationales: le hold up sur nos fruits et légumes* - (Video) S07E06, Premièrs Lignes Télévision. 16 juin 2019. https://www.youtube.com/watch?v=zRf5zaxhnaA, 2019.

MACFIE, H. J., BRATCHELL, N. "Designs to balance the effect of order of presentation and first-order carry-over effects in Hall Tests", en *Journal of Sensory Studies,* (1989) nº 4, págs. 129-148.

MARLES, R. J. "Mineral nutrient composition of vegetables, fruits and grains: The context of reports of apparent historical declines", en *Journal of Food Composition and Analysis,* 56, págs. 93-103.

MARTÍNEZ CAÑELLAS, Anselmo M. "Derecho privado alimentario", en RECUERDA GIRELA, M.A. *Tratado de Derecho alimentario.* Ed. Aranzadi. Pamplona, 2011, págs. 377-480.

MARTÍNEZ CAÑELLAS, Anselmo M. "Monopolio legal e integración vertical de la producción de semillas transgénicas por la empresa biotecnológica, patentes biotecnológicas y contratos de integración agroindustrial", en Revista de derecho de la competencia y la distribución, nº 13, 2013, págs. 81-134.

MARTÍNEZ CAÑELLAS, Anselmo M. "Contratos de integración de la producción y distribución de semillas transgénicas", en Domènech Martínez, G. (ed. lit.), González Botija, F. (ed. lit.), Millán Salas, F. (ed. lit.). Temas Actuales de Derecho Agrario y Agroalimentario. Universidad Politécnica de Valencia = Universitat Politècnica de València. Valencia. 2016.

MARTÍNEZ CAÑELLAS, Anselmo. "La repercusión de las reglas nacionales sobre el sector agroalimentario en las relaciones contractuales entre los operadores internacionales reguladas por la Convención de Viena y la eficacia de los estándares y códigos de conducta agroalimentarios internacionales" en GONZÁLEZ CASTILLA, F. (Dir.) Y RUIZ PERIS, J. I. (Dir.) Estudios sobre el régimen jurídico de la cadena de distribución agroalimentaria. Marcial Pons, Madrid, 2016, págs. 199-236.

MARTÍNEZ-CAÑELLAS, A. M. "Improving UPOV system as an instrument to implement the UN Agenda 2030: nutritional content as a characteristic of a new variety plant", en: Vives-Vallés, J. A., Rampazzo, N., Kepinski, J. (Eds.), *Intellectual Property in Agriculture. Plant Breeders' Rights and Geographical Indications: Towards a Comprehensive Approach to Intellectual Property in Agriculture.* Aranzadi (Thomson Reuters), 2022, págs. 35-52.

MAYER, A. M. "Historical changes in the mineral content of fruits and vegetables", en *British Food Journal,* 99/6, 1997, págs. 207-211.

MONTERO GARCÍA-NOBLEJAS, Pilar. *Denominaciones de origen e indicaciones geográficas.* Editorial Tirant lo Blanch. Valencia. 2016.

NWOSU, L. C., NWOSU, U. I., 2022. "Innovations in plant variety testing with entomological and statistical interventions", en: Galanakis, C.M. (Ed.), *Environment and Climate-smart Food Production.* Springer International Publishing, págs. 181-218. doi: 10.1007/978-3-030-71571-7_6.

ORGANIZACIÓN DE LAS NACIONES UNIDAS. *Transforming our world: the 2030 Agenda for Sustainable Development.* Resolution adopted by the General Assembly on 25 September 2015. A/RES/70/1. https://www.un.org/ga/search/view_doc.asp?symbol=A/RES/70/1&Lang=E

ORGANIZACIÓN MUNDIAL DE LA SALUD (WORLD HEALTH ORGANIZATION - WHO). *Guiding principles and framework manual for front-of-pack labelling for promoting healthy diet.* 2017. https://cdn.who.int/media/docs/default-source/healthy-diet/guidingprinciples-labelling-promoting-healthydiet.pdf?sfvrsn=65e3a8c1_7&download=true

ORGANIZACIÓN MUNDIAL DE LA SALUD (WHO). *Outcome of the Second International Conference on Nutrition Report by the Director-General.* Document EB 136/8, annexes I and II. 30 December 2014, https://apps.who.int/gb/ebwha/pdf_files/EB136/B136_8-en.pdf).

PEÑA-ALVAREZ, A., L., MEDINA, A., LABASTIDA, C., CAPELLA, S., VERA, L. E. "Characterization of three agave species by gas chromatography and solid-phase microextraction-gas chromatography-mass spectrometry", *J Chromatogr A.* 2004 Feb 20;1027(1-2):131-6. doi: 10.1016/j.chroma.2003.10.082.

ROGERS, W. J.; MICHAUX, S., BASTIN, M.; BUCHELI, P. "Changes to the content of sugars, sugar alcohols, myo-inositol, carboxilic acids and inorganic anions in developing grains from different varieties of Robusta (Coffea canephora) and Arabica (Coffea arabica) coffees". *Plant Science,* Volume 149, Issue 2, 3 December 1999, págs. 115-123. https://www.sciencedirect.com/science/article/abs/pii/S0168945299001478

SCHEER, R., MOSS, D. "Dirt Poor: Have Fruits and Vegetables Become Less Nutritious?", en *Scientific American,* April 27th, 2011. https://www.scientificamerican.com/article/soil-depletion-and-nutrition-loss/

SUBAR, A. F., KREBS-SMITH, S. M., COOK, A., KAHLE, L. L. "Dietary sources of nutrients among US adults, 1989 to 1991", en *Journal American Diet Assoc.* 1998, May (5), págs. 537-47. DOI: 10.1016/S0002-8223(98)00122-9. http://www.ncbi.nlm.nih.gov/pubmed/9597026

UPOV. UNION FOR THE PROTECTION OF NEW VARIETIES OF PLANTS. *Guidelines for the Conduct of Tests for Distinctness, Uniformity and Stability. Guava* (Psidium guajava L.). TG/110/3. Original: English/anglais/englisch Date/Datum: 1987-10-07.

UPOV. *Guidelines for the Conduct of Tests for Distinctness, Uniformity and Stability.* White Mustard. (Sinapis alba L.). TG/179/3, 2001-04-04.

UPOV. *Guidelines for the Conduct of Tests for Distinctness, Uniformity and Stability. Rape Seed.* (Brassica napus L. oleifera). TG/36/6 Corr. ORIGINAL: English. DATE: 1996-10-18 + 2002-04-17.

UPOV. *General Introduction to the Examination of DUS and the development of harmonized descriptions of New Varieties of Plants.* April 19, 2002. TG/1/3.

UPOV. *Guidelines for the Conduct of Tests for Distinctness, Uniformity and Stability. Broad bean.* (Vicia faba L. var. major Harz). TG/206/1. ORIGINAL: English. DATE: April 9, 2003.

UPOV. *Guidelines for the Conduct of Tests for Distinctness, Uniformity and Stability. Cherimoya* (*Annona cherimola* Mill.). TG/208/1, 2003-04-09

UPOV. *Guidelines for the Conduct of Tests for Distinctness, Uniformity and Stability. Persimmon* (*Diospyros kaki* L.) TG/92/4 ORIGINAL: English DATE: 2004-03-31.

UPOV. *Guidelines for the Conduct of Tests for Distinctness, Uniformity and Stability. Sweet Cherry.* UPOV Code: PRUNU_AVI *Prunus avium* L. TG/35/7 DATE: 2006-04-05.

UPOV. *Guidelines for the Conduct of Tests for Distinctness, Uniformity and Stability. Avocado.* UPOV Code: PERSE_AME *Persea americana* Mill. TG/97/4 ORIGINAL: English DATE: 2006-04-05.

UPOV. *Guidelines for the Conduct of Tests for Distinctness, Uniformity and Stability. Chayote UPOV Code: SECHI_EDUL Sechium edule (Jacq.) Sw. TG/CHAYO (proj. 1)* ORIGINAL: English DATE: 2007-05-14 https://www.upov.int/edocs/mdocs/upov/en/twv/41/docs/tg_chayo_proj_1.pdf.

UPOV. *Guidelines for the Conduct of Tests for Distinctness, Uniformity and Stability. Common millet.* UPOV Code: PANIC_MIL *Panicum miliaceum* L. TG/248/1 ORIGINAL: English DATE: 2007-03-28.

UPOV. *Guidelines for the Conduct of Tests for Distinctness, Uniformity and Stability. Grapevine.* UPOV code: VITIS Vitis L. TG/50/9 ORIGINAL: English DATE: 2008-04-09. https://www.upov.int/edocs/tgdocs/en/tg050.pdf.

UPOV. *Guidelines for the Conduct of Tests for Distinctness, Uniformity and Stability. Onion, Echalion; Shallot; Grey Shallot.* UPOV Code: ALLIU_CEP_CEP, ALLIU_CEP_AGG, ALLIU_OSC Allium cepa (Cepa Group), Allium cepa (Aggregatum Group) and Allium oschaninii O. Fedtsch. and hybrids between them. 2008-04-09. https://www.upov.int/edocs/tgdocs/en/tg046.pdf.

UPOV. *Guidelines for the Conduct of Tests for Distinctness, Uniformity and Stability. Coffee.* UPOV Codes: COFFE_ARA; COFFE_CAN; COFFE_ACA. Coffea arabica L.; C. canephora Pierre ex A. Froehner; C. arabica × C. canephora hybrids. TG/249/1 ORIGINAL: English. DATE: 2008-04-09.

UPOV. *Guidelines for the Conduct of Tests for Distinctness, Uniformity and Stability. Chamomile.* UPOV Code: MATRI_REC *Matricaria recutita* L. TG/152/4 ORIGINAL: English DATE: 2008-04-09.

UPOV. *Guidelines for the Conduct of Tests for Distinctness, Uniformity and Stabilit. Tea.* UPOV code: CMLIA_SIN Camellia sinensis (L.) O. Kuntze. TG/238/1 Corr. ORIGINAL: English DATE: 2008-04-09 + 2009-01-20.

UPOV. *Guidelines for the Conduct of Tests for Distinctness, Uniformity and Stability. Maize.* UPOV Code: ZEAAA_MAY Zea mays L. TG/2/7 ORIGINAL: Inglés DATE: 2009-04-01. https://www.upov.int/edocs/tgdocs/en/tg002.pdf.

UPOV. *Explanatory Notes on the Definition. of Variety under the 1991 Act of* the UPOV Convention. Adopted by the Council at its forty-fourth ordinary session on October 21, 2010. UPOV/EXN/VAR/1.

UPOV. *Guidelines For DNA-Profiling: Molecular Marker Selection and Database Construction ("BMT Guidelines"), adopted by the Council at its forty-fourth ordinary session on October 21, 2010.* UPOV/INF/17/1.

UPOV. *Possible use of molecular markers in the examination of distinctness, uniformity and stability (DUS), adopted by the Council at its ordinary session on October 20, 2011.* UPOV/INF/18/1.

UPOV. *Guidelines for the Conduct of Tests for Distinctness, Uniformity and Stability. Cacao.* UPOV Code: THEOB_CAC *Theobroma cacao* L. TG/270/1, 2011-10-20.

UPOV. *Guidance on Certain Physiological Characteristics. Associated Document to the General Introduction to the Examination of Distinctness, Uniformity and Stability and the Development of Harmonized Descriptions of New Varieties of Plants (document TG/1/3), adopted by the Council at its forty-sixth ordinary session on November 1, 2012,* Document TGP/12.

UPOV. *Guidelines for the Conduct of Tests for Distinctness, Uniformity and Stability. Opium/Seed Poppy.* UPOV Code: PAPAV_SOM. *Papaver somniferum* L. TG/166/4(proj. 4). ORIGINAL: English. DATE: 2013-03-01.

UPOV. *Guidelines for the Conduct of Tests for Distinctness, Uniformity and Stability. Pineapple.* UPOV Code: ANANA_COM Ananas comosus (L.) Merr. TG/295/1 ORIGINAL: English DATE: 2013-03-20.

UPOV. *Guidelines for the Conduct of Tests for Distinctness, Uniformity and Stability. Melon.* UPOV Code: CUCUM_MEL *Cucumis melo* L. TG/104/5 Rev. 2 ORIGINAL: English. DATE: 2006-04-05 + 2014-04-09.

UPOV. *Guidelines for the Conduct of Tests for Distinctness, Uniformity and Stability. Vanilla.* UPOV Codes: VANIL_PLA; VANIL_POD; VANIL_PBA; VANIL_PPO; VANIL_PPH; VANIL_PTA. *Vanilla planifolia* Jacks.; *Vanilla planifolia* Jacks. x *Vanilla odorata; Vanilla planifolia* Jacks. x *Vanilla bahiana; Vanilla planifolia* Jacks. x *Vanilla pompona; Vanilla planifolia* Jacks. x *Vanilla phaeantha; Vanilla planifolia* Jacks. x *Vanilla tahitensis.* TG/303/1. ORIGINAL: English. DATE: 2014-04-09.

UPOV. *Guidelines for the Conduct of Tests for Distinctness, Uniformity and Stability. Litchi.* UPOV Code: LITCH_CHI Litchi chinensis Sonn. TG/302/1 ORIGINAL: English. DATE: 2014-04-09.

UPOV. *Experience and Cooperation in DUS Testing. Section 10: Notification of Additional Characteristics and States of Expression*. Adopted by the Council at its forty-eighth ordinary session on October 16, 2014. TGP/5: Section 10/3. ORIGINAL: English DATE: October 16, 2014. https://www.upov.int/edocs/tgpdocs/en/tgp_5_section_10.pdf.

UPOV. *Guidelines for the Conduct of Tests for Distinctness, Uniformity and Stability. Sorghum*. UPOV Code: SRGHM_BIC; SRGHM_DRU. Sorghum bicolor (L.) Moench; Sorghum ×drummondii (Steud.) Millsp. & Chase. TG/122/4 ORIGINAL: English. DATE: 2015-03-25.

UPOV. *Guidelines for the Conduct of Tests for Distinctness, Uniformity and Stability. Adzuki Bean*. UPOV Code: VIGNA_ANG. Vigna angularis (Willd.) Ohwi & H. Ohashi. TG/312/1 ORIGINAL: English DATE: 2015-03-25.

UPOV. *Guidelines for the Conduct of Tests for Distinctness, Uniformity and Stability. Brussels Sprout*. (*Brassica oleracea* L. var. *gemmifera* DC.) TG/54/7 Rev. ORIGINAL: English. DATE: 2004-03-31 + 2016-03-16.

UPOV. *Guidelines for the Conduct of Tests for Distinctness, Uniformity and Stability. Cabbage* (Brassica oleracea L.: Brassica (White Cabbage Group); Brassica (Savoy Cabbage Group); Brassica (Red Cabbage Group)) TG/48/7 Rev. ORIGINAL: English. DATE: 2004-03-31+2016-03-16.

UPOV. *Guidelines for the Conduct of Tests for Distinctness, Uniformity and Stability. Cauliflower*. UPOV Code: BRASS_OLE_GBB. Brassica oleracea L. convar botrytis (L.) Alef. var. botrytis L. TG/45/7 Rev. ORIGINAL: English. DATE: 2009-04-01+2016-03-16.

UPOV. *FAQ on the United Nations Sustainable Development Goals (SDGs), Council, Fifty-First Ordinary Session, Geneva, October 26, 2017*, C/51/19, Rev. págs. 6-7. Appendix to Press Release 112. págs. 1-2. https://www.upov.int/edocs/mdocs/upov/en/c_51/c_51_18.pdf

UPOV. *Guidelines for the Conduct of Tests for Distinctness, Uniformity and Stability. Papaya*. UPOV Code(s): CARIC_PAP *Carica papaya* L. TG/264/2 ORIGINAL: English DATE: 2017-04-05.

UPOV. *Guidelines for the Conduct of Tests for Distinctness, Uniformity and Stability. Mango*. Código UPOV: MANGI_IND *Mangifera indica* L. TG/112/4 Corr. ORIGINAL: Inglés. FECHA: 2006-04-05 + 2017-04-05. https://www.upov.int/edocs/tgdocs/en/tg112.pdf.

UPOV. *Guidelines for the Conduct of Tests for Distinctness, Uniformity and Stability. Barley*. UPOV Code(s): HORDE_VUL Hordeum vulgare L. TG/19/11 ORIGINAL: English DATE: 2018-09-20. https://www.upov.int/edocs/tgdocs/en/tg019.pdf

UPOV. *Guidelines for the Conduct of Tests for Distinctness, Uniformity and Stability. Sweet Pepper, Hot Pepper, Paprika, Chili*. UPOV Code: CAPSI_ANN *Capsicum annuum* L. TG/76/8 Rev. 2. ORIGINAL: English. DATE: 2006-04-05 + 2015-03-25 + 2018-09-20.

UPOV. *Guidelines for the Conduct of Tests for Distinctness, Uniformity and Stability. Quinoa*. UPOV Code(s): CHENO_QUI. *Chenopodium quinoa* Willd. TG/328/1 ORIGINAL: English DATE: 2018-10-30.

UPOV. *Guidelines for the Conduct of Tests for Distinctness, Uniformity and Stability. Tomato.* UPOV Code: SOLAN_LYC *Solanum lycopersicum* L. TG/44/11 Rev. 3. ORIGINAL: English. DATE: 2011-10-20 + 2013-03-20 + 2018-10-30 + 2019-10-29.

UPOV. *Guidelines for the Conduct of Tests for Distinctness, Uniformity and Stability. CITRUS L. - Group 2 Oranges.* TG/202/1 Rev. 2. ORIGINAL: English. DATE: 2003-04-09 + 2015-03-25 + 2019-10-29.

UPOV. *Guidelines for the Conduct of Tests for Distinctness, Uniformity and Stability. Coconut.* UPOV Code: COCOS_NUC *Cocos nucifera* L. TG/314/1 Rev. ORIGINAL: English. DATE: 2016-03-16 + 2019-06-14.

UPOV. *Guidelines for the Conduct of Tests for Distinctness, Uniformity and Stability. Cucumber, Gherkin.* UPOV Code: CUCUM_SAT *Cucumis sativus* L. TG/61/7 Rev. 2 Corr. 2 Cucumber, Gherkin, 2007-03-28 + 2014-04-09 + 2015-03-25 + 2016-08-11 + 2019-03-13.

UPOV. *Guidelines for the Conduct of Tests for Distinctness, Uniformity and Stability. Citrus L. - Group 5 Trifoliate Orange.* TG/83/4 Rev. Corr. ORIGINAL: English. DATE: 2003-04-09 + 2015-03-25 + 2020-02-25.

UPOV. *Guidelines for the Conduct of Tests for Distinctness, Uniformity and Stability. Citrus L. - Group 3. Lemons and Limes.* TG/203/1 Rev. Corr. ORIGINAL: English. DATE: 2003-04-09 + 2015-03-25 + 2020-02-25.

UPOV. *Guidance on the Use of Biochemical and Molecular Markers in the Examination of Distinctness, Uniformity, And Stability (DUS). Associated Document to the General Introduction to the Examination of Distinctness, Uniformity and Stability and the Development of Harmonized Descriptions of New Varieties of Plants.* (Document TG/1/3). Document adopted by the Council on October 25, 2020, by correspondence. Document TGP/15/3.

UPOV. *Development of Test Guidelines. Associated Document to the General Introduction to the Examination of Distinctness, Uniformity and Stability and the Development of Harmonized Descriptions of New Varieties of Plants.* (Document TG/1/3). Document adopted by the Council on October 25, 2020, by correspondence. TGP/7/8.

UPOV. *Toward Numerical Practices in Variety Testing: A Rationale to Select the Most Promising Traits.* Technical Working Party on Automation and Computer Programs. August 22, 2020. Thirty-Eighth Session. Alexandria, United States of America, September 21 to 23, 2020. TWC/38/10. (This document does not represent UPOV policies or guidance).

UPOV. *Guidelines for the Conduct of Tests for Distinctness, Uniformity and Stability. Acerola.* UPOV Code: MALPI_EMA *Malpighia emarginata* DC. TG/273/1 ORIGINAL: English DATE: 2011-10-20.

UPOV. *Guidelines for the Conduct of Tests for Distinctness, Uniformity and Stability. Rice.* UPOV Code(s): ORYZA_SAT *Oryza sativa* L. TG/16/9 ORIGINAL: English DATE: 2020-12-17.

UPOV. *Guidelines For DNA-Profiling: Molecular Marker Selection And Database Construction ("BMT Guidelines").* UPOV/INF/17/2 Original: English Date: September 21, 2021. https://www.upov.int/edocs/infdocs/en/upov_inf_17.pdf.

UPOV. *Guidelines for the Conduct of Tests for Distinctness, Uniformity and Stability. Lettuce.* UPOV Code(s): LACTU_SAT *Lactuca sativa* L. TG/13/11 Rev. 2. ORIGINAL: English. DATE: 2017-04-05 + 2019-06-14 + 2021-10-26.

UPOV. *Guidelines for the Conduct of Tests for Distinctness, Uniformity and Stability. Apricot.* UPOV Code(s): PRUNU_ARM *Prunus armeniaca* L. TG/70/5 ORIGINAL: English DATE: 2021-10-26.

UPOV. *Guidelines for the Conduct of Tests for Distinctness, Uniformity and Stability. Peach.* UPOV Code: PRUNU_PER *Prunus persica* (L.) Batsch. TG/53/7 Rev. 2. ORIGINAL: English. DATE: 2010-03-24 + 2014-04-09 + 2021-10-26.

UPOV. *Guidelines for the Conduct of Tests for Distinctness, Uniformity and Stability. Actinidia.* UPOV Code: ACTIN *Actinidia* Lindl. TG/98/7 Rev. 2. ORIGINAL: English. DATE: 2012-03-28 + 2019-06-14 + 2020-11-10 + 2021-10-26.

UPOV. *Guidelines for the Conduct of Tests for Distinctness, Uniformity and Stability. Hemp.* UPOV Code: CANNB_SAT. *Cannabis sativa L.* TG/276/1 Rev. ORIGINAL: English. DATE: 2012-03-28 + 2021-10-26.

UPOV. *Guidelines for the Conduct of Tests for Distinctness, Uniformity and Stability. Pea.* UPOV Code: PISUM_SAT *Pisum sativum* L. TG/7/10 Rev. 3. ORIGINAL: English. DATE: 2009-04-01 + 2014-04-09 + 2018-10-30 + 2019-06-14 + 2022-10-25.

UPOV. *Molecular Techniques.* TWP/7/3. Date: April 19, 2023. Annex - Initial Survey Results 2020, update 2022 (xls Document) https://www.upov.int/meetings/es/doc_details.jsp?meeting_id=75229&doc_id=606511

UPOV. *Guidelines for the Conduct of Tests for Distinctness, Uniformity and Stability. Spinach.* UPOV Code: SPINA_OLE *Spinacea oleracea* L. TG/55/7 Rev. 7. ORIGINAL: English. DATE: 2007-03-28 + 2011-04-06 + 2013-03-20 + 2015-03-25 + 2016-03-16 + 2018-09-20 + 2019-06-14 + 2022-10-25.

UPOV. *Guidelines for the Conduct of Tests for Distinctness, Uniformity and Stability. Wheat.* UPOV Code(s): TRITI_AES Triticum aestivum L. emend. Fiori et Paol. TG/3/12 Rev. ORIGINAL: English DATE: 2017-04-05 + 2022-10-25 https://www.upov.int/edocs/tgdocs/en/tg003.pdf

UPOV. *Guidelines for the Conduct of Tests for Distinctness, Uniformity and Stability. Sunflower.* Código(s) UPOV: HLNTS_ANN Helianthus annuus L. TG/81/7 ORIGINAL: Inglés FECHA: 2023-08-31. Annex.

UPOV. Situación en relación con la Unión Internacional para la Protección de las Obtenciones Vegetales (UPOV), *al 23 de mayo de 2023.* https://www.upov.int/export/sites/upov/members/es/pdf/status.pdf

USDA AGRICULTURAL RESEARCH SERVICE. "Composition of Foods (Raw, Processed, Prepared)", en *Agriculture Handbook* No. 8. 1963. http://www.ncbi.nlm.nih.gov/pubmed/7616313.

VÁZQUEZ RUANO, Trinidad. "Enfoques normativos sobre las prácticas desleales en la cadena agroalimentaria. Atención a las empresas de economía social prácticas desleales y empresas de economía social", en *CIRIEC-España, Revista Jurídica de Economía Social y Cooperativa,* Nº 39/2021, págs. 199-240 - DOI: 10.7203/CIRIEC-JUR.39.20903.

VIVES-VALLÉS, Juan Antonio. "Obtenciones vegetales: análisis sobre la viabilidad de la inclusión de caracteres de tolerancia a la sequía en los exámenes DHE realizados al amparo del sistema de la UPOV", en *Indret*, 2021, nº 1. DOI: 10.31009/InDret.2021.i1.04.

VIVES VALLÉS, J. A. "Proposals for the improvement of the technical examination under the EU Plant Breeders' Rights system", en *EFB Bioeconomy Journal 3 (2023) 100046*. Pág. 1-4.

VIVES VALLÉS, Juan Antonio. "The new EC proposal for a regulation on the production and marketing of plant reproductive material: upgrade or regression? An intellectual property perspective. *Journal of Intellectual Property Law & Practice*, 2023, Volume 18, Issue 11. Published: 27 October 2023, https://doi.org/10.1093/jiplp/jpad085

YANGUI, A., GIL, J. M. Y COSTA-FONT, M. "Comportamiento de los consumidores españoles y los factores determinantes de su disposición a pagar por el aceite de oliva ecológico", en *ITEA-Inf. Tec. Econ. Agrar.* 115(3). Págs. 252-269.